21世纪会计系列规划教材

应用型

财务管理学习题与实训

（第二版）

孔令一 相福刚 主编

徐嵩杰 凌正华 滕萍萍 副主编

Exercises and
Training
of Financial
Management

东北财经大学出版社

Dongbei University of Finance & Economics Press

大连

图书在版编目（CIP）数据

财务管理学习题与实训 / 孔令一，相福刚主编．—2版．—大连：东北财经大学出版社，2019.5
（21世纪会计系列规划教材·应用型）
ISBN 978-7-5654-3490-7

Ⅰ．财…　Ⅱ．①孔…②相…　Ⅲ．财务管理–高等学校–教学参考资料　Ⅳ．F275

中国版本图书馆CIP数据核字（2019）第048943号

东北财经大学出版社出版
（大连市黑石礁尖山街217号　邮政编码　116025）
网　　址：http://www.dufep.cn
读者信箱：dufep@dufe.edu.cn
大连永盛印业有限公司印刷　　东北财经大学出版社发行
幅面尺寸：170mm×240mm　　字数：256千字　　印张：13.25
2019年5月第2版　　　　　　2019年5月第4次印刷
责任编辑：高　铭　孔利利　　　　　　责任校对：荔　众
封面设计：冀贵收　　　　　　　　　　版式设计：钟福建
定价：32.00元

教学支持　售后服务　联系电话：（0411）84710309
版权所有　侵权必究　举报电话：（0411）84710523
如有印装质量问题，请联系营销部：（0411）84710711

前　言

　　财务管理是基于企业再生产过程中客观存在的财务活动和财务关系而产生的，以资本市场为背景，以公司制企业为对象，以公司资本运动为主线，阐述公司筹资、投资、营运和利润分配等财务运作理论和方法。财务管理知识是企业管理者必备的知识，财务管理不仅是会计学专业、财务管理专业的必修课程，也是经济类、管理类专业的必修课程。

　　《财务管理学习题与实训》（第二版）是《财务管理学》（第二版，孔令一主编，东北财经大学出版社出版）的配套学习与实训用书。为了方便教师的教学和学生的学习，这本《财务管理学习题与实训》（第二版）安排配套习题，提供习题参考答案，方便教师和学生查阅，并精心设计六项EXCEL在财务管理中的应用实训项目，提高学生学习兴趣，增强学生应用能力。此外，我们把配套教材每章知识测试与能力训练（包括案例分析）的参考答案提供给学生。通过本书练习，帮助学生在掌握现代企业财务管理原理的基础上，加深理解货币时间价值、风险价值等财务管理基本概念，学会运用企业的筹资管理、投资管理、营运资金管理和利润分配管理等专业知识来解决现代企业财务管理实际问题，具备从事经济管理工作所必需的业务知识和工作能力。

　　《财务管理学习题与实训》包括五个部分：第一部分为教材同步自测习题，第二部分为教材同步自测习题参考答案，由孔令一、相福刚、徐嵩杰、凌正华、滕萍萍编写；第三部分为财务管理实训，主要由相福刚、徐嵩杰编写；第四部分为教材章后习题参考答案，第五部分为模拟试卷及参考答案，由孔令一、相福刚、徐嵩杰、凌正华、滕萍萍、朱淑梅编写。

　　由于作者水平有限，书中难免有疏漏和不当之处，敬请广大读者批评指正，以便得到不断的充实和完善。

编　者
2019年1月

目　录

第一部分　教材同步自测习题

第二部分　教材同步自测习题参考答案

第三部分　财务管理实训

第四部分　教材章后习题参考答案

第五部分　模拟试卷及参考答案

第一部分　教材同步自测习题

财务管理总论

第一章

一、名词解释

1. 财务管理
2. 企业财务活动
3. 企业财务关系
4. 股东财富最大化
5. 利率
6. 通货膨胀补偿率

二、单项选择题

1. 下列各项，体现债权与债务关系的是（　　　）。

A. 企业与债权人之间的财务关系　　　B. 企业与受资者之间的财务关系

C. 企业与债务人之间的财务关系　　　D. 企业与政府之间的财务关系

2. 若短期国库券利率为5%，纯利率为4%，则下列说法正确的是（　　　）。

A. 可以判断目前不存在通货膨胀

B. 可以判断目前存在通货膨胀，但是不能判断通货膨胀补偿率的大小

C. 无法判断是否存在通货膨胀

D. 可以判断目前存在通货膨胀，且通货膨胀补偿率为1%

3. 在下列各项中，从甲公司的角度看，能够形成"本企业与债务人之间财务关系"的业务是（　　　）。

A. 甲公司购买乙公司发行的债券　　　B. 甲公司归还所欠丙公司的货款

C. 甲公司从丁公司赊购产品　　　　　D. 甲公司向戊公司支付利息

4. 在下列各项中，能够用于解决企业所有者与企业债权人矛盾的方法是（　　　）。

A. 解聘　　　　　　　　　　　　　　B. 接收

C. 激励　　　　　　　　　　　　　　D. 停止借款

5.下面（ ）的利率，在没有通货膨胀的情况下，可视为纯利率。

A.短期国库券　　　　　　　　　　B.公司债券

C.银行借款　　　　　　　　　　　D.金融债券

6.由企业经营引起的财务活动是（ ）。

A.投资活动　　　　　　　　　　　B.筹资活动

C.营运活动　　　　　　　　　　　D.分配活动

7.在下列各项中，（ ）是影响企业财务管理的最主要的环境因素。

A.法律环境　　　　　　　　　　　B.经济环境

C.金融环境　　　　　　　　　　　D.企业内部环境

8.企业支付利息给债权人属于财务管理中的（ ）。

A.筹资活动　　　　　　　　　　　B.投资活动

C.运营活动　　　　　　　　　　　D.利润分配活动

9.企业同其被投资单位之间的财务关系反映的是（ ）。

A.受资与投资关系　　　　　　　　B.债权与债务关系

C.投资与受资关系　　　　　　　　D.债务与债权关系

10.企业财务管理的对象是（ ）。

A.资金运动及其体现的财务关系　　B.资金的数量增减变动

C.资金的循环与周转　　　　　　　D.财务关系

11.对企业净资产的分配权是（ ）。

A.国家的基本权利　　　　　　　　B.所有者的基本权利

C.债权人的基本权利　　　　　　　D.经营者的基本权利

12.独资企业和合伙企业的所有者用于承担企业财务风险的资产是（ ）。

A.注册资本　　　　　　　　　　　B.法定资本

C.个人全部财产　　　　　　　　　D.实际投入资本

13.影响企业财务管理的法律环境的是（ ）。

A.企业组织法规　　　　　　　　　B.通货膨胀状况

C.经济发展水平　　　　　　　　　D.资本市场

14.留存收益筹资属于（ ）。

A.筹资活动　　　　　　　　　　　B.投资活动

C.运营活动　　　　　　　　　　　D.分配活动

15.股东协调自己和经营者目标的最佳办法是（ ）。

A.采取监督方式

B.采取激励方式

C.同时采取监督和激励方式

D.使监督成本、激励成本和偏离股东目标的损失三者之和最小的办法

三、多项选择题

1.下列各项属于对内投资的有（　　　）。

A.与其他企业联营
B.购买无形资产

C.购买国库券
D.购买零件

2.投资者与企业之间通常发生（　　　）财务关系。

A.投资者可以对企业进行一定程度的控制或施加影响

B.投资者可以参与企业净利润的分配

C.投资者对企业的剩余资产享有索取权

D.投资者对企业承担一定的经济法律责任

3.影响企业财务管理的经济环境因素主要包括（　　　）。

A.企业组织法规
B.经济周期

C.经济发展水平
D.经济政策

4.风险报酬率包括（　　　）。

A.通货膨胀补偿率
B.违约风险报酬率

C.流动性风险报酬率
D.期限风险报酬率

5.下列各项属于经营活动的有（　　　）。

A.采购原材料
B.购买国库券

C.销售商品
D.支付现金股利

6.财务活动包括（　　　）。

A.投资活动
B.筹资活动

C.经营活动
D.分配活动

7.相对于其他企业而言，公司制企业的优点包括（　　　）。

A.产权容易转移
B.筹资便利

C.承担有限责任
D.利润分配不受任何限制

8.企业投资报酬率的构成内容有（　　　）。

A.平均资金利润率
B.纯利率

C.通货膨胀补偿率
D.风险报酬率

9.股东通过经营者伤害债权人利益的常用方式有（　　　）。

A.不经债权人的同意，投资比债权人预期风险要高的新项目

B.不顾工人的健康和利益

C.不征得债权人同意而发行新债

D.不是尽最大努力去实现企业财务管理目标

10.下列经济行为，属于企业投资活动的有（　　　）。

A.企业购置无形资产
B.企业提取盈余公积金

C.支付股息
D.企业购买股票

11.所有者与债权人的矛盾解决方式有（　　　）。

A.解聘　　　　　　　　　　　　　B.限制性借款

C.收回借款　　　　　　　　　　　D.激励

12.企业财务关系包括（　　　　）。

A.企业与国家的财务关系

B.企业与投资者、受资者的财务关系

C.企业与债权人、债务人的财务关系

D.企业与职工之间的财务关系

13.在经济繁荣阶段，市场需求旺盛，企业应（　　　　）。

A.扩大生产规模　　　　　　　　　B.增加投资

C.减少投资　　　　　　　　　　　D.增加员工

14.为确保企业财务目标的实现，下列各项，可用于协调经营者与所有者之间的矛盾的措施有（　　　　）。

A.所有者解聘经营者

B.所有者向企业派遣财务总监

C.在债务合同中预先加入限制条款

D.所有者给经营者以股票期权

15.以利润最大化作为财务管理的目标，其缺陷是（　　　　）。

A.没有考虑利润的时间价值

B.没有考虑获取利润和所承担风险的关系

C.往往会使财务决策带有短期行为倾向

D.没有考虑投入资本和获利之间的关系

16.为协调经营者与所有者之间的矛盾，股东必须支付（　　　　）。

A.沉没成本　　　　　　　　　　　B.监督成本

C.激励成本　　　　　　　　　　　D.经营成本

17.以股东财富最大化作为财务管理的目标，其优点是（　　　　）。

A.考虑了风险因素

B.一定程度上能够克服企业在追求利润上的短期行为

C.比较容易量化，便于考核和奖惩

D.只适用于上市公司，对非上市公司则很难适用

四、判断题

1.企业与受资者之间的财务关系体现债权性质的投资与受资关系。（　　　）

2.公司制企业与独资企业和合伙企业相比具有对公司收益重复纳税的缺点。

（　　　）

3.金融市场的主体是指银行和非银行金融机构。（　　　）

4.流动性风险收益率是指为了弥补债务人无法按时还本付息而带来的风险，由债权人要求提高的利率。（　　　）

5. 从资金的借贷关系来看，利率是一定时期运用资金资源的交易价格。
（　　）

6. 财务管理主要是资金管理，其对象是资金及其流转。（　　）

7. 金融市场利率波动与通货膨胀有关，后者起伏不定，利率也随之而起落。
（　　）

8. 财务管理的主要内容是投资、筹资和股利分配，因此，财务管理一般不会涉及成本问题。（　　）

9. 短期证券市场由于交易对象易于变成货币或作为货币使用，所以也称资本市场。（　　）

10. 期限性风险报酬率是为了弥补因债务人无法按时还本付息而带来的风险，由债权人要求提高的利率。（　　）

11. 企业与政府之间的财务关系体现为一种投资与受资关系。（　　）

12. 股东与管理层之间存在着委托—代理关系，由于双方目标存在差异，所以不可避免地会产生冲突。（　　）

13. 企业的信用程度可分为若干等级，等级越高，信用越好，违约风险越低，利率水平越高。（　　）

14. 一项负债到期日越长，债权人承受的不确定因素越多，承担的风险也越大。
（　　）

15. 股东财富可以用公司股票价格来计量。（　　）

16. 股东财富最大化目标充分考虑了众多相关利益主体的不同利益。（　　）

17. 在企业经营引起的财务活动中，主要涉及的是固定资产和长期负债的管理问题，其中关键是资本结构的确定。（　　）

18. 以利润最大化作为财务管理目标可能导致管理者的短期行为。（　　）

货币时间价值与风险报酬

第二章

一、名词解释

1. 货币时间价值
2. 复利
3. 年金
4. 普通年金
5. 先付年金
6. 递延年金
7. 永续年金
8. 企业特有风险
9. 市场风险
10. 期望值
11. 标准差

二、单项选择题

1. 某人希望在第5年年末取得本利和20 000元，则在年利率为2%，单利计息的方式下，此人现在应当存入银行（　　）元。

A.18 114　　　　　　　　　　　　B.18 181.81

C.18 004　　　　　　　　　　　　D.18 000

2. 某人目前向银行存入1 000元，银行存款年利率为2%，在复利计息的方式下，5年后此人可以从银行取出（　　）元。

A.1 100　　　　　　　　　　　　B.1 104.1

C.1 204　　　　　　　　　　　　D.1 106.1

3. 某人进行一项投资，预计6年后会获得收益880元，在年利率为5%的情况下，这笔收益的现值为（　　）元。

A.4 466.62　　　　　　　　　　　B.656.67

C.670.56　　　　　　　　　　　　D.4 455.66

4. 企业有一笔5年后到期的贷款，到期值是15 000元，假设存款年利率为3%，则企业为偿还借款建立的偿债基金为（　　）元。

A.2 825.39   B.3 275.32

C.3 225.23   D.2 845.34

5.某人分期购买一辆汽车，每年年末支付 10 000 元，分 5 次付清，假设年利率为 5%，则该项分期付款相当于现在一次性支付（   ）元。

A.55 256   B.43 259

C.43 290   D.55 265

6.某企业进行一项投资，目前支付的投资额是 10 000 元，预计在未来 6 年内收回投资，在年利率是 6% 的情况下，为了使该项投资是合算的，那么企业每年至少应当收回（   ）元。

A.1 433.63   B.1 443.63

C.2 023.64   D.2 033.76

7.某一项年金前 4 年没有流入，后 5 年每年年初流入 1 000 元，则该项年金的递延期是（   ）年。

A.4   B.3

C.2   D.1

8.某人拟进行一项投资，希望进行该项投资后每半年都可以获得 1 000 元的收入，年收益率为 10%，则目前的投资额应是（   ）元。

A.10 000   B.11 000

C.20 000   D.21 000

9.某人于第 1 年年初向银行借款 30 000 元，预计在未来每年年末偿还借款 6 000 元，连续 10 年还清，则该项贷款的年利率为（   ）。

A.20%   B.14%

C.16%   D.15%

10.在下列各项中，（   ）会引起企业财务风险。

A.举债经营   B.生产组织不合理

C.销售决策失误   D.新材料出现

11.甲项目收益率的期望值为 10%，标准差为 10%；乙项目收益率的期望值为 15%，标准差为 10%，则可以判断（   ）。

A.由于甲、乙项目的标准差相等，所以两个项目的风险相等

B.由于甲、乙项目的期望值不等，所以无法判断二者的风险大小

C.由于甲项目的期望值小于乙项目，所以甲项目的风险小于乙项目

D.由于甲项目的标准离差率大于乙项目，所以甲项目的风险大于乙项目

12.某公司从本年度起每年年末存入银行一笔固定金额的款项，若按复利制用最简便的算法计算第 n 年年末可以从银行取出的本利和，则应选用的时间价值系数为（   ）。

A.复利终值系数   B.复利现值系数

C.普通年金终值系数   D.普通年金现值系数

13.某公司拟于5年后一次还清所欠债务100 000元，假定银行利息率为10%，5年10%的年金终值系数为6.1051，5年10%的年金现值系数为3.7908，则从现在起每年年末等额存入银行的偿债基金应为（　　　）元。

A.16 379.74　　　　　　　　　B.26 379.65

C.379 080　　　　　　　　　　D.610 510

14.已知甲、乙两个方案的投资收益率的期望值分别为10%和12%，两个方案都存在投资风险，在比较甲、乙两个方案的风险大小时应使用的指标是（　　　）。

A.标准离差率　　　　　　　　　B.标准差

C.协方差　　　　　　　　　　　D.方差

三、多项选择题

1.年金是指一定时期内每期等额收付的系列款项，下列各项属于年金形式的有（　　　）。

A.按照直线法计提的折旧　　　　B.等额本息分期付款

C.融资租赁的租金　　　　　　　D.养老金

2.某人决定在未来5年内每年年初存入银行1 000元（共存5次），年利率为2%，则在第5年年末能一次性取出的金额计算正确的有（　　　）。

A.$1\,000 \times FVIFA_{2\%,5}$　　　　　　B.$1\,000 \times FVIFA_{2\%,5} \times (1 + 2\%)$

C.$1\,000 \times FVIFA_{2.5\%} \times PVIF_{2\%,1}$　　D.$1\,000 \times (FVIFA_{2\%,6} - 1)$

3.某项年金前3年没有流入，从第4年开始每年年末流入1 000元，共计4次，假设年利率为8%，则该递延年金现值的计算公式正确的是（　　　）。

A.$1\,000 \times PVIFA_{8\%,4} \times PVIF_{8\%,4}$　　　B.$1\,000 \times (PVIFA_{8\%,8} - PVIF_{8\%,4})$

C.$1\,000 \times (PVIFA_{8\%,7} - PVIF_{8\%,3})$　　D.$1\,000 \times FVIFA_{8\%,4} \times PVIF_{8\%,7}$

4.下列各项所引起的风险，属于系统风险的是（　　　）。

A.自然灾害　　　　　　　　　　B.通货膨胀

C.销售决策失误　　　　　　　　D.企业员工罢工

5.单项资产风险与报酬中下列公式正确的是（　　　）。

A.风险收益率=风险价值系数×标准离差率

B.风险收益率=风险价值系数×标准离差

C.投资总收益率=无风险收益率+风险收益率

D.投资总收益率=无风险收益率+风险价值系数×标准离差率

6.在下列各项中，能够衡量风险的指标有（　　　）。

A.方差　　　　　　　　　　　　B.标准差

C.期望值　　　　　　　　　　　D.标准离差率

7.在下列各项中，属于企业特有风险的有（　　　）。

A.经营风险　　　　　　　　　　B.利率风险

C.财务风险　　　　　　　　　　　　D.汇率风险

8.某公司计划购置一台设备，付款条件是从第3年开始，每年年末支付5万元，连续支付10年，则相当于该公司现在一次性支付（　　　）万元。假设资本成本为10%。

A.5×（$PVIFA_{10\%,12} - PVIFA_{10\%,2}$）　　　　B.5×（$PVIFA_{10\%,12} - PVIFA_{10\%,3}$）

C.5×$PVIFA_{10\%,10}$×$PVIF_{10\%,2}$　　　　D.5×$PVIFA_{10\%,13}$×$PVIF_{10\%,2}$

9.资金的时间价值是指（　　　）。

A.资金随着时间自行增值的特性

B.资金经过一段时间的投资和再投资所增加的价值

C.现在的1元钱与几年后的1元钱的经济效用不同

D.没有通过膨胀和风险条件下的社会平均资金利润率

10.年金按其每次首付发生的时点不同，可分为（　　　）。

A.普通年金　　　　　　　　　　　　B.即付年金

C.递延年金　　　　　　　　　　　　D.永续年金

11.关于风险的度量，以下说法正确的有（　　　）。

A.利用概率分布的概念，可以对风险进行衡量

B.期望报酬的概率分布越集中，该投资的风险越小

C.期望报酬的概率分布越集中，该投资的风险越大

D.标准差越小，概率分布越集中，相应的风险也就越小

12.年金具有下列哪些特点（　　　）。

A.同金额　　　　　　　　　　　　　B.同间距

C.同方向　　　　　　　　　　　　　D.同项目

13.财务决策按其性质可分为（　　　）。

A.确定性决策　　　　　　　　　　　B.风险性决策

C.收益性决策　　　　　　　　　　　D.不确定性决策

四、判断题

1.货币的时间价值原理，正确地揭示了不同时点上资金之间的换算关系，是财务决策的基本依据。（　　　）

2.由现值求终值，称为贴现，贴现时使用的利息率称为贴现率。（　　　）

3.资金时间价值相当于在没有风险情况下的社会平均资金利润率。（　　　）

4.利率不仅包含时间价值，而且包含风险价值和通货膨胀补偿率。（　　　）

5.每半年付息一次的债券利息是一种年金的形式。（　　　）

6.即付年金的现值系数是在普通年金的现值系数的基础上系数+1，期数−1得到的。（　　　）

7.递延年金有终值，终值的大小与递延期是有关的，在其他条件相同的情况

下，递延期越长，则递延年金的终值越大。（　　）

8.某人贷款 5 000 元，该项贷款的年利率是 6%，每半年计息一次，则 3 年后该项贷款的本利和为 5 955 元。（　　）

9.在利率和计息期数相同的条件下，复利现值系数与复利终值系数互为倒数。（　　）

10.在本金和利率相同的情况下，若只有一个计息期，单利终值与复利终值是相同的。（　　）

11.企业每月月初支付的等额工资称为预付年金。（　　）

12.货币的时间价值是由时间创造的，因此，所有的货币都有时间价值。（　　）

13.两个方案进行对比，标准离差率越小，说明风险越大。（　　）

14.在通常情况下，资金时间价值是在既没有风险又没有通货膨胀条件下的社会平均投资报酬率。（　　）

15.永续年金与其他年金一样，既有现值，又有终值。（　　）

16.n 期先付年金与 n 期后付年金的付款次数相同，但由于付款时间的不同，n 期先付年金终值比 n 期后付年金终值多计算一期利息。所以，可先求出 n 期后付年金的终值，然后再乘以（1+i）便可求出 n 期先付年金的终值。（　　）

17.英国和加拿大有一种国债是没有到期日的债券，这种债券的利息视为永续年金。（　　）

18.复利计息频数越大，复利次数越多，终值的增长速度越快，相同期间内终值越大。（　　）

19.如果两个项目预期收益率相同、标准差不同，理性投资者会选择标准差较大，即风险较小的那个。（　　）

20.经济危机、通货膨胀、经济衰退以及高利率通常被认为是可分散的市场风险。（　　）

21.政府发行的短期债券有国家财力作后盾，其本金的安全性非常高，通常视为无风险证券。（　　）

22.利率随时间上下波动，利率的下降会导致流通在外的债券价格的下降。（　　）

23.当两个目标投资公司的预期收益相同时，标准差小的公司风险较低。（　　）

五、计算题

1.假设利民工厂有一笔 123 600 元的资金，准备存入银行，希望在 7 年后利用这笔款项的本利和购买一套生产设备，当时的银行存款利率为复利 10%，该设备的预计价格为 240 000 元。

要求：试用数据说明 7 年后利民工厂能否用这笔款项的本利和购买设备。

2.某合营企业于年初向银行借款 500 000 元购买设备，第 1 年年末开始还款，每年还款一次，等额偿还，分 5 年还清，银行借款利率为 12%。

要求：试计算每年应还款多少？

3.小王现在准备存入一笔钱，以便在以后的 20 年中每年年底得到 3 000 元，设银行存款利率为 10%。

要求：计算小王目前应存入多少钱？

4.资料：时代公司目前向银行存入 140 000 元，以便在若干年后获得 300 000 元，现假设银行存款利率为 8%，每年复利一次。

要求：计算需要多少年存款的本利和才能达到 300 000 元。

5.某企业基建 3 年，每年年初向银行贷款 100 万元，年利率为 10%，银行要求企业建成投产 3 年后一次性还款，问企业到时应偿还多少？若银行要求企业建成投产 2 年后分 3 年偿还，问企业平均每年应偿还多少？

6.某公司拟租赁一间厂房，期限是 10 年，假设年利率是 10%，出租方提出以下几种付款方案：

（1）立即支付全部款项，共计 20 万元；

（2）从第 4 年开始每年年初付款 4 万元，至第 10 年年初结束；

（3）第 1 到 8 年每年年末支付 3 万元，第 9 年年末支付 4 万元，第 10 年年末支付 5 万元。

要求：通过计算回答该公司应选择哪一种付款方案比较合算？

7.东方公司需用一台设备，买价为 1 600 元，可用 10 年。如果租用，则每年年初需付租金 200 元。除此以外，买与租的其他情况相同。假设利率为 6%。

要求：用数据说明购买与租用何者为优？

8.甲企业向乙企业借入一笔款项，借款年利率为 10%，每年复利计息一次，借款合同规定，前 10 年不用还本付息，但从第 11 年到第 20 年每年年末需偿还本息 5 000 元。

要求：计算这笔借款的现值。

9.某公司正考虑买入一台机器，预计产生的现金流量见表 1-1。

表 1-1　　　　　　　　　　预计产生的现金流量　　　　　　　　　单位：元

时间	1	2	3	4	5	6	7	8	9	10
现金流量	1 200	2 000	2 400	1 900	1 600	1 400	1 400	1 400	1 400	1 400

要求：如果确定的年贴现率为 14%，则该现金流量的现值是多少？

10.某公司拟购置一处房产，房主提出两种付款方案：

（1）从现在起，每年年初支付 200 000 元，连续支付 10 次，共 2 000 000 元。

（2）从第 5 年开始，每年年初支付 250 000 元，连续支付 10 次，共 2 500 000 元。

要求：假设该公司的资本成本（即年最低报酬率）为 10%，你认为该公司应选择哪个方案？

11.假设红星电器厂准备投资开发集成电路生产线，根据市场预测，预计可能获得的年报酬及概率见表1-2。

表1-2 预计可能获得的年报酬及概率 金额单位：万元

市场状况	预计年报酬（X_i）	概率（P_i）
繁荣	600	0.3
一般	300	0.5
衰退	0	0.2

已知电器行业的风险报酬系数为8%，无风险报酬率为6%。

要求：试计算红星电器厂该方案的期望报酬额、标准差、标准离差率、风险报酬率。

第三章

一、名词解释

1.证券投资

2.投资组合

3.债券投资

4.债券的票面利率

5.股票投资

6.非系统性风险

7.系统性风险

二、单项选择题

1.在下列投资中，最安全的是（　　　）。

A.商业票据　　　　　　　　　　B.金融债券

C.短期国库券　　　　　　　　　D.长期国库券

2.为了降低通货膨胀带来的购买力下降的风险，更适合作为避险工具的是（　　　）。

A.国库券　　　　　　　　　　　B.金融债券

C.普通股　　　　　　　　　　　D.优先股

3.面值为1 000元的债券，每半年付息一次，5年后到期，票面利率为8%。如果投资者要求的必要报酬率为10%，则债券的价值为（　　　）元。

A.929.79　　　　　　　　　　　B.956.33

C.1 075.82　　　　　　　　　　D.1 084.32

4.一般认为，企业利用闲置资金进行债券投资的主要目的是（　　　）。

A.控制被投资企业　　　　　　　B.谋取投资收益

C.降低投资风险　　　　　　　　D.增强资产流动性

5.若某种证券的β系数等于1，则表示该证券（　　　）。

A.无市场风险

B.无公司特有风险

C.与金融市场所有证券平均风险相同

D.比金融市场所有证券平均风险大一倍

6.在证券投资中，因通货膨胀带来的风险是（　　　）。

　　A.违约风险　　　　　　　　　　　　B.利率风险

　　C.购买力风险　　　　　　　　　　　D.流动性风险

7.证券发行人无法按期支付利息或偿还本金的风险称为（　　　）。

　　A.违约风险　　　　　　　　　　　　B.购买力风险

　　C.流动性风险　　　　　　　　　　　D.期限性风险

8.某公司准备购买一种预期股利不变的零成长股票，预期该股票的股利为每股2元，该公司要求的最低投资报酬率为10%，目前市场上的实际利率为8%，则该股票的价格在（　　　）元以下时，公司才可以购买。

　　A.25　　　　　　　　　　　　　　　B.20

　　C.30　　　　　　　　　　　　　　　D.22

9.当前无风险利率为4%，整个股票市场的平均报酬率为9%，甲股票的β系数为2，甲股票的投资人要求的必要报酬率是（　　　）。

　　A.14%　　　　　　　　　　　　　　B.18%

　　C.13%　　　　　　　　　　　　　　D.8%

10.某公司发行总面额为1 000万元的债券，票面利率为7.5%，偿还期限为4年，每年年末付息一次，若公司要求的报酬率为9%，则该债券价格为（　　　）万元时可以购买。

　　A.900　　　　　　　　　　　　　　B.951.38

　　C.1 000　　　　　　　　　　　　　D.750

11.公司增发的普通股市价为12元/股，本年发放股利每股0.6元，已知同类股票的预计收益率为11%，则维持此股价需要的股利年增长率为（　　　）。

　　A.5%　　　　　　　　　　　　　　　B.5.39%

　　C.5.71%　　　　　　　　　　　　　D.10.23%

12.某股票的未来股利不变，当股票市价低于股票价值时，预期报酬率比投资人要求的最低报酬率（　　　）。

　　A.高　　　　　　　　　　　　　　　B.低

　　C.相等　　　　　　　　　　　　　　D.不确定

13.某企业于20×8年4月1日以950元购得面额为1 000元的债券，票面利率为12%，每年付息一次，到期还本，该企业若持有该债券至到期日，其到期收益率（　　　）。

　　A.高于12%　　　　　　　　　　　　B.低于12%

　　C.等于12%　　　　　　　　　　　　D.难以确定

14.市场利率和债券期限对债券价值都有较大影响，下列相关表述，不正确的是（　　　）。

　　A.市场利率上升会导致债券价值下降

B.长期债券的价值对市场利率的敏感性小于短期债券

C.债券期限越短，债券票面利率对债券价值的影响越小

D.债券票面利率与市场利率不同时，债券面值与债券价值存在差异

15.当市场利率上升时，债券价值的变动方向是（   ）。

A.上升   B.下降

C.不变   D.随机变化

16.某股票为固定成长股票，年增长率为4%，预计1年后的股利为每股6.5元，现行无风险收益率为11%，市场收益率为16%，该股票的β系数为1.2，那么作为理性的投资者应该等到（   ）。

A.股票市价为55元时进行投资   B.股票市价为58元时进行投资

C.股票市价为53元时进行投资   D.股票市价为49元时进行投资

17.公司进行长期债券投资的主要目的是（   ）。

A.获得稳定的收益   B.改变公司性质

C.调整现金余额   D.支付银行长期贷款

18.某公司当期每股股利为3.30元，预计未来每年以3%的速度增长，假设投资者的必要收益率为8%，则该公司每股股票的价值为（   ）元。

A.41.25   B.67.98

C.66   D.110

三、多项选择题

1.关于债券投资，下列说法正确的是（   ）。

A.债券的价值与其面值无关

B.一般而言，债券的期限越长，其利率风险越大

C.短期国库券可视为无风险的债券

D.对于分期付息的债券，当其接近到期日时，债券价值则向其面值回归

2.按照资本资产定价模型，影响特定股票预期收益率的因素有（   ）。

A.无风险收益率   B.平均风险股票的必要收益率

C.特定股票的β系数   D.财务杠杆系数

3.只有股票的预期报酬率高于投资人要求的最低报酬率，才可以进行投资。投资人要求的最低报酬率可能是（   ）。

A.投资人的机会成本

B.参照债券的收益率加上一定的风险报酬率

C.股票历史上长期的平均收益率

D.市场利率

4.尽管相对于股票，投资债券要安全许多，但进行投资前还是必须考虑可能面临的（   ）等风险。

A.利率风险   B.购买力风险

C.违约风险   D.再投资风险

5.在资本资产定价模型中，风险与预期报酬率的关系是（   ）。

A.预期报酬率=无风险利率+风险报酬率

B.预期报酬率=无风险利率×系统风险程度

C.预期报酬率=无风险利率+市场风险报酬率

D.预期报酬率=无风险利率+市场风险报酬率×系统风险程度

6.在下列各项中，属于证券资产特点的有（   ）。

A.交易成本高   B.价值不稳定

C.流动性强   D.流动性弱

7.根据资本资产定价模型，影响特定股票预期报酬率的因素有（   ）。

A.纯利率   B.通货膨胀率

C.市场平均的必要报酬率   D.特定股票的 β 系数

8.下列因素变动会影响债券到期收益率的有（   ）。

A.债券面值   B.票面利率

C.市场利率   D.债券购买价格

9.下列有关债券价值影响的因素表述，正确的有（   ）。

A.对于分期付款的债券，当期限接近到期日时，债券价值向面值靠近

B.债券价值的高低受利息支付方式的影响

C.假设其他条件相同，一般而言债券期限越长，债券价值越大

D.当市场利率上升时，债券价值会下降

10.以下证券投资风险，属于非系统风险的有（   ）。

A.公司高管道德风险   B.财务风险

C.政治风险   D.宏观经济风险

11.债券价值由（   ）构成。

A.市场价格   B.票面利率

C.各期利息现值   D.票面价值现值

12.估算股票的贴现率时，可使用（   ）。

A.股票市场的平均收益率

B.债券收益率加上适当的风险报酬率

C.国库券的利息率加上适当的风险报酬率

D.投资人要求的必要报酬率

13.债券投资的要素有（   ）。

A.市场利率   B.债券面值

C.债券的票面利率   D.偿债的到期日

14.债券投资的优点（   ）。

A.本金安全性高   B.收入比较稳定

C.许多债券都具有较好的流动性   D.购买力风险比较大

四、判断题

1.只要债券价值大于市场价格，就值得投资。 （   ）

2.对每年付息一次的债券，当其票面利率大于市场利率时，债券的发行价格大于其面值。 （   ）

3.债券的价格会随着市场利率的变化而变化。当市场利率上升时，债券价格下降；当市场利率下降时，债券价格上升。 （   ）

4.每年付息一次，到期一次还本的债券，当溢价购买时，债券的到期收益率大于票面利率。 （   ）

5.β系数实际上是不可分散风险的指数，用于反映个别证券收益的变动相对于市场收益变动的灵敏程度。 （   ）

6.当两种证券完全负相关时，在任何情况下都能分散非系统性风险。 （   ）

7.如果市场不是完全有效的，一项资产的内在价值与市价会在一段时间里不等。 （   ）

8.如果风险债券的市场利率不变，那么随着时间向到期日靠近，折价发行债券的价值会随时间的延续而逐渐上升。 （   ）

9.在债券估价模型中，折现率实际上就是必要报酬率，折现率越大，债券价值越低。 （   ）

10.债券价值的高低受支付方式影响。 （   ）

11.股票是股份公司发给股东的所有权凭证，是股东借以取得股利的一种有价证券。 （   ）

12.随着到期时间的缩短，折现率变动对证券价值的影响越来越大。 （   ）

13.投资者购进被低估的证券，会使证券价格上升，回归到其内在价值。

（   ）

五、计算题

1.有一纯贴现债券，面值1 000元，20年期。假设折现率为10%。

要求：计算该债券价值。

2.甲公司有一笔闲置资金，可以进行为期1年的投资，市场上有三种债券可供选择，相关资料如下：

（1）三种债券的面值均为1 000元，到期时间均为5年，到期收益率均为8%。

（2）甲公司计划1年后出售购入的债券，1年后三种债券到期收益率仍为8%。

（3）三种债券票面利率及付息方式不同。A债券为零息债券，到期支付1 000元；B债券的票面利率为8%，每年年末支付80元利息，到期支付1 000元；C债券的票面利率为10%，每年年末支付100元利息，到期支付1 000元。

要求：

（1）计算每种债券当前的价格。

（2）计算每种债券1年后的价格。

3.某公司发行公司债券，面值1 000元，票面利率为10%，期限为5年。已知市场利率为8%。

要求：

（1）债券为按年付息、到期还本，发行价格为1 020元，投资者是否愿意购买？

（2）债券为单利计息、到期一次还本付息债券，发行价格为1 010元，投资者是否愿意购买？

（3）债券为贴现债券，到期归还本金，发行价为700元，投资者是否愿意购买？

4.ABC企业计划进行长期股票投资，企业管理层从股票市场上选择了两种股票：甲公司股票和乙公司股票，ABC企业只准备投资一家公司股票。已知甲公司股票现行市价为每股6元，上年每股股利为0.2元，预计股利以后每年以5%的增长率增长。乙公司股票现行市价为每股8元，每年发放的固定股利为每股0.6元。ABC企业所要求的投资必要报酬率为8%。

要求：

（1）利用股票估价模型，分别计算甲、乙公司股票价值并为该企业作出股票投资决策。

（2）计算如果该公司按照当前的市价购入（1）中选择的股票的持有期收益率。

筹资管理

第四章

一、名词解释

1. 吸收直接投资
2. 权益性筹资
3. 债务性筹资
4. 混合型筹资
5. 普通股
6. 优先股
7. 授信额度
8. 周转授信协议
9. 浮动利率债券
10. 可转换债券
11. 认股权证
12. 融资租赁
13. 售后租回
14. 杠杆租赁

二、单项选择题

1. 企业为了优化资本结构而筹集资金，这种筹资的动机是（　　　）。
   A. 混合性筹资动机　　　　　　　B. 创立性筹资动机
   C. 调整性筹资动机　　　　　　　D. 扩张性筹资动机

2. 按照资金的来源渠道不同可将筹资分为（　　　）。
   A. 内部筹资和外部筹资　　　　　B. 直接筹资和间接筹资
   C. 权益筹资和负债筹资　　　　　D. 表内筹资和表外筹资

3. 下列不属于吸收直接投资方式的是（　　　）。
   A. 吸收国家投资　　　　　　　　B. 吸收法人投资
   C. 吸收社会公众投资　　　　　　D. 融资租赁

4. 按资本属性的不同，可将筹资分为（　　　）。
   A. 直接筹资和间接筹资

B.内部筹资和外部筹资

C.权益性筹资、债务性筹资和混合性筹资

D.短期筹资和长期筹资

5.我国目前各类企业最为重要的资金来源是（　　）。

A.银行信贷资金　　　　　　　　　　　B.国家财政资金

C.其他企业资金　　　　　　　　　　　D.企业自留资金

6.下列各项，不属于吸收直接投资优点的是（　　）。

A.有利于增强企业信誉　　　　　　　　B.有利于尽快形成生产能力

C.资本成本较低　　　　　　　　　　　D.有利于降低财务风险

7.普通股和优先股筹资方式共有的缺点包括（　　）。

A.财务风险大　　　　　　　　　　　　B.筹资成本高

C.容易分散控制权　　　　　　　　　　D.筹资限制多

8.认股权证的特点不包括（　　）。

A.在认股之前持有人对发行公司拥有股权

B.它是一种买入期权

C.在认股之前持有人对发行公司拥有股票认购权

D.认股权证具有价值和市场价格

9.与发行债务筹资相比，发行普通股股票筹资的优点是（　　）。

A.可以稳定公司的控制权　　　　　　　B.可以降低资本成本

C.可以利用财务杠杆　　　　　　　　　D.可以形成稳定的资本基础

10.某公司发行认股权证筹资，每张认股权证可按10元/股的价格认购2股普通股，假设股票的市价是12元/股，则认股权证的理论价值是（　　）元/股。

A.10　　　　　　　　　　　　　　　　B.14

C.5　　　　　　　　　　　　　　　　　D.4

11.某企业与银行商定的周转信贷额为800万元，年利率为2%，承诺费率为0.5%，年度内企业使用了500万元，平均使用10个月，则企业本年度应向银行支付的承诺费为（　　）万元。

A.6.83　　　　　　　　　　　　　　　B.0.42

C.1.92　　　　　　　　　　　　　　　D.1.50

12.某企业向银行借款100万元，企业要求按照借款总额的10%保留补偿性余额，并要求按照贴现法支付利息，借款的利率为6%，则借款实际利率为（　　）。

A.7.14%　　　　　　　　　　　　　　B.6.67%

C.6.38%　　　　　　　　　　　　　　D.7.28%

13.与其他负债资金筹集方式相比，下列各项属于融资租赁缺点的是（　　）。

A.资本成本较高　　　　　　　　　　　B.限制条件较多

C.税收负担重　　　　　　　　　　　　D.筹资速度慢

14.下列各种筹资方式，最有利于降低公司财务风险的是（　　）。

A.发行普通股 　　　　　　　　　B.发行优先股

C.发行公司债券 　　　　　　　　D.发行可转换债券

15.政府财政资本通常只有（　　）才能利用。

A.外资企业 　　　　　　　　　　B.民营企业

C.国有独资或国有控股企业 　　　D.非营利组织

16.企业外部筹资的方式有很多，但不包括的是（　　）。

A.投入资本筹资 　　　　　　　　B.企业利润再投入

C.发行股票筹资 　　　　　　　　D.长期借款筹资

17.下列关于留存收益筹资的表述，错误的是（　　）。

A.留存收益筹资可以维持公司的控制权结构

B.留存收益筹资不会发生筹资费用，因此没有资本成本

C.留存收益来源于提取的盈余公积和留存于企业的利润

D.留存收益筹资有企业的主动选择，也有法律的强制要求

18.企业向租赁公司租入一台设备，价值500万元，合同约定租赁期满时残值5万元归租赁公司所有，租期为5年，租赁费率为12%，若采用后付租金的方式，则平均每年支付的租金为（　　）万元。

A.123.8 　　　　　　　　　　　　B.138.7

C.137.92 　　　　　　　　　　　　D.108.6

19.无记名股票不记载的内容是（　　）。

A.股票数量 　　　　　　　　　　B.编号

C.发行日期 　　　　　　　　　　D.股东的姓名或名称

20.下列各种筹资方式，筹资限制条件相对最少的是（　　）。

A.融资租赁 　　　　　　　　　　B.发行股票

C.发行债券 　　　　　　　　　　D.发行短期融资券

21.借款合同所规定的保证人，在借款方不履行偿付义务时，负有（　　）的责任。

A.监督借贷双方严格遵守合同条款 　B.催促借款方偿付

C.连带偿付本息 　　　　　　　　D.以上都不对

22.下列各项，不属于融资租赁租金构成内容的是（　　）。

A.设备原价 　　　　　　　　　　B.租赁手续费

C.租赁设备的维护费用 　　　　　D.垫付设备价款的利息

23.融资租赁又称为财务租赁，有时也称为资本租赁。下列不属于融资租赁范围的是（　　）。

A.根据协议，企业将某项资产卖给出租人，再将其租回使用

B.由租赁公司融资融物，由企业租入使用

C.租赁期满，租赁物一般归还给出租者

D.在租赁期间，出租人一般不提供维修设备的服务

24.下列各种筹资方式，企业无须支付资金占用费的是（　　　）。

A.发行债券　　　　　　　　　　B.发行优先股

C.发行短期票据　　　　　　　　D.发行认股权证

25.某公司发行可转换债券，每张面值为 1 000 元，转换比率为 20，则该可转换债券的转换价格为（　　）元/股。

A.20　　　　　　　　　　　　　B.50

C.30　　　　　　　　　　　　　D.25

26.某公司 2019 年预计营业收入为 50 000 万元，预计销售净利率为 10%，股利支付率为 60%。据此可以测定出该公司 2019 年内部资金来源的金额为（　　　）万元。

A.2 000　　　　　　　　　　　B.3 000

C.5 000　　　　　　　　　　　D.8 000

三、多项选择题

1.筹资的动机有（　　　）。

A.并购性动机　　　　　　　　　B.扩张性动机

C.调整性动机　　　　　　　　　D.混合性动机

2.下列（　　　）属于企业自留资金。

A.法定公积金　　　　　　　　　B.任意公积金

C.资本公积金　　　　　　　　　D.未分配利润

3.企业进行筹资需要遵循的基本原则包括（　　　）。

A.效益性原则　　　　　　　　　B.合理性原则

C.及时性原则　　　　　　　　　D.合法性原则

4.与发行债券相比，下列各项，属于银行借款筹资特点的有（　　　）。

A.资本成本较高　　　　　　　　B.一次筹资数额较大

C.筹资速度较快　　　　　　　　D.募集资金使用限制较多

5.普通股股东的权利包括（　　　）。

A.投票权　　　　　　　　　　　B.查账权

C.出让股份权　　　　　　　　　D.优先分配剩余财产权

6.除货币资金出资外，下列属于吸收直接投资的出资方式的有（　　　）。

A.以实物资产出资　　　　　　　B.以土地使用权出资

C.以土地产权出资　　　　　　　D.以特定债券出资

7.下列各项，属于留存收益筹资方式特点的有（　　　）。

A.筹资数额有限　　　　　　　　B.不存在资本成本

C.不发生筹资费用　　　　　　　D.改变控制权结构

8.银行借款筹资的优点包括（　　　）。

A.筹资速度快　　　　　　　　　B.筹资成本低

C.限制条款少　　　　　　　　　　D.借款弹性好

9.债券与股票的区别在于（　　　）。

A.债券是债务凭证，股票是所有权凭证

B.债券的投资风险大，股票的投资风险小

C.债券的收入一般是固定的，股票的收入一般是不固定的

D.股票在公司剩余财产分配中优先于债券

10.按照有无抵押担保可将债券分为（　　　）。

A.收益债券　　　　　　　　　　　B.信用债券

C.抵押债券　　　　　　　　　　　D.可转换债券

11.优先股股东相比较普通股股东的优先权利体现在（　　　）。

A.优先分配股利权　　　　　　　　B.优先分配剩余财产权

C.优先认股权　　　　　　　　　　D.优先管理权

12.筹集投入资本，投资者的投资形式可以是（　　　）。

A.现金　　　　　　　　　　　　　B.有价证券

C.固定资产　　　　　　　　　　　D.无形资产

13.下列（　　　）表述符合股票的含义。

A.股票是有价证券　　　　　　　　B.股票是书面凭证

C.股票是债权凭证　　　　　　　　D.股票是所有权凭证

14.股票按发行对象和上市地区的不同，可以分为（　　　）。

A.A股　　　　　　　　　　　　　B.B股

C.N股　　　　　　　　　　　　　D.H股

15.普通股的特点包括（　　　）。

A.普通股股东享有公司的经营管理权

B.公司解散清算时，普通股股东对公司剩余财产的请求权位于优先股股东之后

C.普通股股利分配在优先股股利分配之后进行，并依据公司盈利情况而定

D.公司增发新股时，普通股股东具有认购优先权，可以优先认购公司所发行的股票

16.我国《公司法》等法规规定了股票发行定价的原则要求，主要有（　　　）。

A.同次发行的股票，每股发行价格应该相同

B.任何单位或个人所认购的股份，每股应当支付相同的价款

C.股票发行价格可以按票面金额，也可以超过票面金额，但不得低于票面金额

D.发行股票的企业都可以自行决定发行价格

17.下列属于发行债券的要素的是（　　　）。

A.债券面额　　　　　　　　　　　B.票面利率

C.市场利率　　　　　　　　　　　D.债券期限

18.与股票相比，债券具有以下（　　　）特点。

A.债券代表一种债权关系　　　　　　B.债券的求偿权优先于股票

C.债券投资的风险小于股票　　　　　　D.可转换债券按规定可转换为股票

四、判断题

1.调整性筹资动机是指企业因调整公司业务所产生的筹资动机。　　　　（　　）

2.优先认股权是优先股股东的优先权。　　　　　　　　　　　　　　（　　）

3.可转换优先股对股东是有利的，可赎回优先股对公司也是有利的。　（　　）

4.认股权证不能为企业筹集额外的现金。　　　　　　　　　　　　　（　　）

5.信贷额度是银行从法律上承诺向企业提供不超过某一最高限额的贷款协定。

（　　）

6.抵押借款由于有抵押品担保，所以其资本成本往往较非抵押借款低。

（　　）

7.发行认股权证是上市公司的一种特殊筹资手段，其主要功能就是辅助公司的股权性筹资，但不可以直接筹措现金。　　　　　　　　　　　　　　　（　　）

8.企业发行浮动利率债券的目的是对付通货膨胀。　　　　　　　　　（　　）

9.可转换债券的利率一般低于普通债券。　　　　　　　　　　　　　（　　）

10.杠杆租赁中的出租人也是借款人，他既收取租金又偿付债务，从这个角度看，杠杆租赁与直接租赁是不同的。　　　　　　　　　　　　　　　　　（　　）

11.可转换债券的回售条款对于投资者而言实际上是一种买权，有利于降低投资者的持券风险。　　　　　　　　　　　　　　　　　　　　　　　　　（　　）

12.在我国，非银行金融机构主要有租赁公司、保险公司、企业集团的财务公司以及信托公司、债券公司。　　　　　　　　　　　　　　　　　　　　（　　）

13.在改革开放的条件下，国外以及我国香港、澳门和台湾地区的投资者持有的资本，亦可加以吸收，从而形成外商投资企业的筹资渠道。　　　　　　（　　）

14.在融资租赁方式下，租赁期满，设备必须作价转让给承租人。　　（　　）

15.筹集投入资本是非股份制企业筹措自有资本的一种基本形式。　　（　　）

16.对于股东而言，优先股比普通股有更优厚的回报，有更大的吸引力。

（　　）

17.B股是指专门供外国和我国的港、澳、台地区的投资者买卖的，以人民币标明面值但以外币认购和交易的股票。　　　　　　　　　　　　　　　　（　　）

18.在我国，股票发行价格既可以按票面金额确定，又可以超过票面金额或低于票面金额的价格确定。　　　　　　　　　　　　　　　　　　　　　（　　）

19.股票发行价格如果过低，可能加大投资者的风险，增大承销机构的发行风险和发行难度，抑制投资者的认购热情。　　　　　　　　　　　　　　　（　　）

20.借款合同应依法签订，它属于商业合约，不具法律约束力。　　　（　　）

21.在一般情况下，长期借款无论是资本成本还是筹资费用都较股票、债券低。

（　　）

22.发行公司债券所筹集到的资金,公司不得随心所欲地使用,必须按审批机关批准的用途使用,不得用于弥补亏损和非生产性支出。 （　　）

23.当其他条件相同时,债券期限越长,债券的发行价格就可能越低;反之,可能越高。 （　　）

24.一般来说,债券的市场利率越高,债券的发行价格越低;反之,可能越高。 （　　）

25.一般来说,债券的票面利率越高,债券的发行价格越低;反之,可能越高。 （　　）

26.债券的发行价格与股票的发行价格一样,只允许等价和溢价发行,不允许折价发行。 （　　）

27.融资租赁实际上就是租赁公司筹资购物,由承租企业租入并支付租金。 （　　）

28.优先股和可转换债券既有债务筹资性质,又有权益筹资性质。 （　　）

五、计算题

1.光华公司20×8年12月31日的简要资产负债表见表1-3。假定光华公司20×8年销售额为10 000万元,销售净利率为10%,利润留存率为40%。20×9年销售额预计增长20%,公司有足够的生产能力,无须追加固定资产投资。

表1-3
资产负债表（简表）

20×8年12月31日
单位:万元

资产	金额	与销售的关系	负债及所有者权益	金额	与销售的关系
货币资金	500	5%	短期借款	2 500	N
应收票据及应收账款	1 500	15%	应付票据及应付账款	1 000	10%
存货	3 000	30%	其他应付款	500	5%
固定资产	3 000	N	应付债券	1 000	N
			实收资本	2 000	N
			留存收益	1 000	N
资产总计	8 000	50%	负债及所有者权益总计	8 000	15%

要求:

（1）确定企业增加的资金需求量。

（2）确定企业外部融资需求量。

2.某公司20×9年预计销售收入为50 000万元,预计销售净利率为10%,股利支付率为60%。

要求:测算该公司20×9年内部资金来源的金额。

3.已知:某公司20×8年的销售收入为20 000万元,20×8年12月31日的资产负债表（简表）见表1-4。

表 1-4
资产负债表（简表）

20×8 年 12 月 31 日   单位：万元

资产	期末余额	负债及所有者权益	期末余额
货币资金	1 000	应付票据及应付账款	3 000
应收票据及应收账款	3 000	长期借款	9 000
存货	6 000	实收资本	4 000
固定资产	7 000	留存收益	2 000
无形资产	1 000		
资产总计	18 000	负债及所有者权益总计	18 000

　　该公司 20×9 年的计划销售收入比上年增长 20%，为实现这一目标，公司需新增设备一台，需要 320 万元资金。据历年财务数据分析，公司流动资产与流动负债随销售额同比率增减。假定该公司 20×9 年的销售净利率可达到 10%，净利润的 60% 分配给投资者。

　　要求：

　　（1）计算 20×9 年流动资产增加额；

　　（2）计算 20×9 年流动负债增加额；

　　（3）计算 20×9 年公司需增加的营运资金；

　　（4）计算 20×9 年的留存收益；

　　（5）预测 20×9 年需要对外筹集的资金量。

资本结构决策

第五章

一、名词解释

1. 资本成本
2. 资本结构
3. 个别资本成本
4. 综合资本成本
5. 边际资本成本
6. 经营杠杆
7. 财务杠杆
8. 总杠杆
9. 筹资费用
10. 用资费用
11. 边际贡献
12. 每股收益无差别点

二、单项选择题

1. 资本成本在企业筹资决策中的作用不包括（　　　）。

A. 是企业选择资金来源的基本依据

B. 是企业选择筹资方式的参考标准

C. 作为计算净现值指标的折现率使用

D. 是确定最佳资本结构的主要参数

2. 某企业发行 5 年期债券，债券面值为 1 000 元，票面利率 10%，每年付息一次，发行价为 1 100 元，筹资费率 3%，所得税税率为 25%，则该债券的资本成本是（　　　）。

A. 9.37%　　　　　　　　　　　　　　B. 7.03%

C. 7.36%　　　　　　　　　　　　　　D. 6.66%

3. 企业向银行取得借款 100 万元，年利率 5%，期限 3 年。每年付息一次，到期还本，所得税税率 25%，手续费忽略不计，则该项借款的资本成本为（　　　）。

A. 3.75%　　　　　　　　　　　　　　B. 5%

C.4.5%　　　　　　　　　　　　　　　D.3%

4.某公司普通股目前的股价为10元/股，筹资费率为8%，刚刚支付的每股股利为2元，股利固定增长率3%，则该股票的资本成本为（　　）。

A.22.39%　　　　　　　　　　　　　B.21.74%

C.24.74%　　　　　　　　　　　　　D.25.39%

5.某公司普通股目前的股价为10元/股，筹资费率为8%，刚刚支付的每股股利为2元，股利固定增长率3%，则该企业利用留存收益的资本成本为（　　）。

A.22.39%　　　　　　　　　　　　　B.25.39%

C.20.6%　　　　　　　　　　　　　D.23.6%

6.在某企业的资金总额中，债券筹集的资金占40%，已知债券筹集的资金在500万元以下时其资本成本为4%，在500万元以上时其资本成本为6%，则在债券筹资方式下企业的筹资总额分界点是（　　）元。

A.1 000　　　　　　　　　　　　　B.1 250

C.1 500　　　　　　　　　　　　　D.1 650

7.某企业20×8年的销售额1 000万元，变动成本600万元，固定经营成本200万元，预计20×9年固定成本不变，则20×9年的经营杠杆系数为（　　）。

A.2　　　　　　　　　　　　　　　B.3

C.4　　　　　　　　　　　　　　　D.无法计算

8.某企业20×8年的销售额为1 000万元，变动成本600万元，固定经营成本200万元，利息费用10万元，没有融资租赁和优先股，预计20×9年息税前利润增长率为10%，则20×9年的每股利润增长率为（　　）。

A.10%　　　　　　　　　　　　　B.10.5%

C.15%　　　　　　　　　　　　　D.12%

9.根据成本性态，在一定时期一定业务量范围之内，职工培训费一般属于（　　）。

A.半变动成本　　　　　　　　　　　B.半固定成本

C.约束性固定成本　　　　　　　　　D.酌量性固定成本

10.在资本结构的调整方法中不属于存量调整的是（　　）。

A.债转股　　　　　　　　　　　　B.增发新股偿还债务

C.优先股转为普通股　　　　　　　　D.进行融资租赁

11.在不考虑筹款限制的前提下，下列筹资方式中个别资本成本最高的通常是（　　）。

A.发行普通股　　　　　　　　　　　B.留存收益筹资

C.长期借款筹资　　　　　　　　　　D.发行公司债券

12.某企业某年的财务杠杆系数为2.5，息税前利润（EBIT）的计划增长率为10%，假定其他因素不变，则该年普通股每股收益（EPS）的增长率为（　　）。

A.4%　　　　　　　　　　　　　B.5%

C.20%　　　　　　　　　　　　　D.25%

13.如果企业一定期间内的固定生产成本和固定财务费用均不为零，则由上述因素共同作用而导致的杠杆效应属于（　　）。

A.经营杠杆效应　　　　　　　　B.财务杠杆效应

C.联合杠杆效应　　　　　　　　D.风险杠杆效应

14.与经营杠杆系数同方向变化的是（　　）。

A.产品价格　　　　　　　　　　B.单位变动成本

C.销售量　　　　　　　　　　　D.企业的利息费用

15.下列各项，运用普通股每股利润（每股收益）无差别点确定最佳资本结构时，需计算的指标是（　　）。

A.息税前利润　　　　　　　　　B.营业利润

C.净利润　　　　　　　　　　　D.利润总额

16.假定某企业的权益资金与负债资金的比例为60:40，据此可断定该企业（　　）。

A.只存在经营费风险　　　　　　B.经营风险大于财务风险

C.经营风险小于财务风险　　　　D.同时存在经营风险和财务风险

17.B公司拟发行优先股40万股，发行总价200万元，预计年股利5%，发行费用10万元。B公司该优先股的资本成本为（　　）。

A.4.31%　　　　　　　　　　　B.5.26%

C.5.63%　　　　　　　　　　　D.6.23%

18.债券成本一般要低于普通股成本，这主要是因为（　　）。

A.债券的发行量小

B.债券的利息固定

C.债券风险较低，且债息具有抵税效应

D.债券的筹资费用少

19.如果企业的股东或经理人员不愿承担风险，则股东或管理人员可能尽量采用的增资方式是（　　）。

A.发行债券　　　　　　　　　　B.融资租赁

C.发行股票　　　　　　　　　　D.向银行借款

20.如果预计企业的资产收益率高于借款的利率，则应（　　）。

A.提高负债比例　　　　　　　　B.降低负债比例

C.提高股利发放率　　　　　　　D.降低股利发放率

21.下列关于最佳资本结构的表述，错误的是（　　）。

A.最佳资本结构在理论上是存在的

B.资本结构优化的目标是提高企业价值

C.企业平均资本成本最低时资本结构最佳

D.企业的最佳资本结构应当长期固定不变

三、多项选择题

1.资本成本包括用资费用和筹资费用两部分，其中属于用资费用的是（　　　）。

A.向股东支付的股利　　　　　　　　B.向债权人支付的利息

C.借款手续费　　　　　　　　　　　D.债券发行费

2.下列各项因素，影响经营杠杆系数计算结果的有（　　　）。

A.销售单价　　　　　　　　　　　　B.销售数量

C.资本成本　　　　　　　　　　　　D.所得税税率

3.权益资本成本包括（　　　）。

A.债券成本　　　　　　　　　　　　B.优先股成本

C.普通股成本　　　　　　　　　　　D.留存收益成本

4.下列各项，属于半变动成本的有（　　　）。

A.水电费　　　　　　　　　　　　　B.电话费

C.化验员工资　　　　　　　　　　　D.质检员工资

5.在边际贡献大于固定成本的情况下，下列措施中有利于降低企业复合风险的有（　　　）。

A.提高产量　　　　　　　　　　　　B.提高产品单价

C.提高资产负债率　　　　　　　　　D.降低单位变动成本

6.下列各项因素，影响企业资本结构决策的有（　　　）。

A.企业的经营状况　　　　　　　　　B.企业的信用等级

C.国家的货币供应量　　　　　　　　D.管理者的风险偏好

7.企业最佳资本结构的确定方法包括（　　　）。

A.因素分析法　　　　　　　　　　　B.每股利润无差别点法

C.比较资本成本法　　　　　　　　　D.公司价值分析法

8.最佳资本结构是指（　　　）的资本结构。

A.企业价值最大　　　　　　　　　　B.加权平均资本成本最低

C.每股收益最大　　　　　　　　　　D.净资产值最大

9.在计算下列各项资金的筹资成本时，需要考虑筹资费用的有（　　　）。

A.普通股　　　　　　　　　　　　　B.债券

C.长期借款　　　　　　　　　　　　D.留存收益

10.决定资本成本高低的因素有（　　　）。

A.资金供求关系变化　　　　　　　　B.预期通货膨胀率高低

C.企业风险的大小　　　　　　　　　D.企业对资金的需求量

11.以下各项，反映联合杠杆作用的有（　　　）。

A.说明普通股每股收益的变动幅度　　B.预测普通股每股收益

C.衡量企业的总体风险　　　　　　　D.反映企业的获利能力

12.如果不考虑优先股，在筹资决策中联合杠杆系数的性质包括（　　　）。

A.联合杠杆系数越大，企业的经营风险越大

B.联合杠杆系数越大，企业的财务风险越大

C.联合杠杆系数能够起到财务杠杆和经营杠杆的综合作用

D.联合杠杆系数能够估计出销售额变动对每股收益的影响

13.资本结构分析所指的资本包括（　　　）。

A.长期债务　　　　　　　　　　B.优先股

C.普通股　　　　　　　　　　　D.短期借款

14.资本结构决策的每股收益分析法体现的目标包括（　　　）。

A.股东权益最大化　　　　　　　B.股票价值最大化

C.公司价值最大化　　　　　　　D.利润最大化

15.下列关于财务杠杆的论述，正确的有（　　　）。

A.在资本总额及负债比率不变的情况下，财务杠杆系数越高，每股收益增长越快

B.财务杠杆效益指利用债务筹资给企业自有资金带来的额外收益

C.财务杠杆系数越大，财务风险越大

D.财务风险是指全部资本中债务资本比率的变化带来的风险

16.下列关于经营杠杆系数的表述，正确的有（　　　）。

A.在固定成本不变的情况下，经营杠杆系数说明了销售额变动所引起的息税前利润变动的幅度

B.在固定成本不变的情况下，营业收入越大，经营杠杆系数越大，经营风险就越小

C.在固定成本不变的情况下，营业收入越大，经营杠杆系数越小，经营风险就越小

D.企业一般可以通过增加营业收入、降低产品单位变动成本、降低固定成本比重等措施使经营风险降低

17.下列关于联合杠杆的描述，正确的有（　　　）。

A.用来估计销售量变动对息税前利润的影响

B.用来估计营业收入变动对每股收益造成的影响

C.揭示经营杠杆与财务杠杆之间的相互关系

D.为达到某一个既定的总杠杆系数，经营杠杆和财务杠杆可以有很多不同的组合

四、判断题

1.资本成本包括用资费用和筹资费用两部分，一般使用相对数表示，即表示为筹资费用和用资费用之和与筹资额的比率。　　　　　　　　　　（　　）

2.在所有资金来源中，一般来说，普通股的资本成本最高。　　　（　　）

3.因为公司债务必须付息，而普通股不一定支付股利，所以普通股资本成本小

于债务资本成本。 （　　）

4.从成熟的证券市场来看，企业的筹资顺序首先是内部筹资，其次是借款，发行债券、可转换债券筹资，最后是发行新股筹资。 （　　）

5.使用每股收益无差别点法进行最佳资本结构的判断时考虑了风险的因素。
（　　）

6.资本成本率是企业用以确定项目要求达到的投资报酬率的最低标准。
（　　）

7.由于内部筹集一般不产生筹资费用，所以内部筹资的资本成本最低。
（　　）

8.某种资本的用资费用高，其成本率就高；反之，用资费用低，其成本率就低。 （　　）

9.根据企业所得税法的规定，企业债务的利息不允许从税前利润中扣除。
（　　）

10.根据企业所得税法的规定，公司以税后利润向股东分派股利，故股权资本成本没有抵税利益。 （　　）

11.一般而言，从投资者的角度，股票投资的风险高于债券，因此，股票投资的必要报酬率可以在债券利率的基础上再加上股票投资高于债券投资的风险报酬率。 （　　）

12.当资本结构不变时，个别资本成本越低，综合资本成本越高；反之，个别资本成本越高，综合资本成本越低。 （　　）

13.在企业承担总风险能力一定且利率相同的情况下，对于经营杠杆水平较高的企业，应当保持较低的负债水平，而对于经营杠杆水平较低的企业，则可以保持较高的负债水平。 （　　）

14.在一定的产销规模内，固定成本总额相对保持不变。如果产销规模超出了一定的限度，固定成本总额也会发生一定的变动。 （　　）

15.资本成本比较法一般适用于资本规模较大，资本结构较为复杂的非股份制企业。 （　　）

16.公司价值比较法充分考虑了公司的财务风险和资本成本等因素的影响，进行资本结构的决策以公司价值最大化为标准，通常用于资本规模较大的上市公司。
（　　）

17.每股收益分析法的决策目标是股东财富最大化或股票价值最大化，而不是公司价值最大化。 （　　）

五、计算题

1.甲公司20×8年年末长期资本为5 000万元，其中长期银行借款1 000万元，年利率为6%，所有者权益（包括普通股股本和留存收益）为4 000万元，公司计划在20×9年追加筹集资金5 000万元，其中按面值发行债券2 000万元，票面年利率为6.86%，期限5年，每年付息一次，到期一次还本，筹资费率为2%，发行优先股筹资3 000万元，固定股息率为7.76%，筹资费用率为3%，公司普通股β系数为2，一年期国债利率为4%，市场平均报酬率为9%，公司适用的所得税税率为25%，假设不考虑筹资费用对资本结构的影响，发行债券和优先股不影响借款利率和普通股股价。

要求：

（1）计算甲公司长期银行借款的资本成本；

（2）计算发行债券的资本成本（不用考虑货币时间价值）；

（3）计算甲公司发行优先股的资本成本；

（4）利用资本资产定价模型计算甲公司留存收益的资本成本；

（5）计算加权平均资本成本。

2.某企业年销售净额为280万元，息税前利润为80万元，固定成本为32万元，变动成本率为60%；资本总额为200万元，债务比率为40%，债务利率为12%。

要求：试分别计算该企业的经营杠杆系数、财务杠杆系数和联合杠杆系数。

3.某企业目前拥有资本1 000万元，其结构为：债务资本20%（年利息20万元），普通股权益资本80%（发行普通股10万股，每股面值80元），所得税税率25%。现准备追加筹资400万元，有两个筹资方案可供选择：

第一种方案全部发行普通股：增发5万股，每股面值80元。

第二种方案全部筹集长期债务：利率为10%，利息为40万元。

要求：

（1）计算每股盈余的无差别点及无差别点的每股盈余额。

（2）企业追加筹资后，预计息税前利润160万元，该企业应选择哪个筹资方案。

4.甲公司目前的息税前利润为5 400万元，拥有长期资本12 000万元，其中长期债务3 000万元，年利息率10%，普通股9 000万股，每股面值1元。若当前有较好的投资项目，需要追加投资2 000万元，有两种筹资方式可供选择：（1）增发普通股2 000万股，每股面值1元；（2）增加长期借款2 000万元，年利息率为8%。甲公司的所得税税率为25%，股权资本成本为12%。

要求：

（1）计算追加投资前甲公司的综合资本成本。

（2）如果你是该公司的财务经理，根据资本成本比较法，你将选择哪种筹资方式？

（3）比较两种筹资方式下甲公司的每股利润。

（4）如果你是该公司的财务经理，根据每股利润分析方法，你将选择哪种筹资方式？

5.乙公司是一家上市公司，适用的企业所得税税率为25%，当年息税前利润为900万元，预计未来年度保持不变。为简化计算，假定净利润全部分配，债务资本的市场价值等于其账面价值，确定债务资本成本时不考虑筹资费用。证券市场平均收益率为12%，无风险收益率为4%，两种不同的债务水平下的税前利率和β系数见表1-5。公司价值和平均资本成本见表1-6。

表1-5   不同债务水平下的税前利率和β系数

债务账面价值（万元）	税前利率	β系数
1 000	6%	1.25
1 500	8%	1.50

表1-6   公司价值和平均资本成本

债务市场价值（万元）	股票市场价值（万元）	公司总价值（万元）	税后债务资本成本	权益资本成本	平均资本成本
1 000	4 500	5 500	（A）	（B）	（C）
1 500	（D）	（E）	*	16%	13.09%

注：表中的"*"表示省略的数据。

要求：

（1）确定表1-6中英文字母代表的数值（不需要列示计算过程）。

（2）依据公司价值分析法，确定上述两种债务水平的资本结构哪种更优，并说明理由。

项目投资管理

第六章

一、名词解释

1. 企业投资
2. 间接投资
3. 对内投资
4. 对外投资
5. 现金流量
6. 净现值
7. 内部报酬率
8. 获利指数
9. 投资回收期
10. 平均报酬率

二、单项选择题

1. 经营现金流量是指投资项目投入使用后，在其寿命周期内由于生产经营所带来的现金流入和现金流出的数量。这里现金流出是指（　　　　）。

A. 经营现金支出
B. 缴纳的税金
C. 付现成本
D. 经营现金支出和缴纳的税金

2. （　　　　）是指在投资收益不确定的情况下，按估计的各种可能收益水平及其发生的概率计算的加权平均数。

A. 期望投资收益
B. 实际投资收益
C. 无风险收益
D. 必要投资收益

3. 下列说法不正确的是（　　　　）。

A. 内部报酬率是能够使未来现金流入量现值等于未来现金流出量现值的折现率

B. 内部报酬率是方案本身的投资报酬率

C. 内部报酬率是使方案净现值等于零的折现率

D. 内部报酬率是使方案获利指数等于零的折现率

4. 某投资项目投产后预计第 1 年流动资产需用额为 100 万元，流动负债需用额为80万元，第2年流动资产需用额为120万元，流动负债需用额为90万元，则第2年的流动资金投资额为（　　）万元。

A.30 　　　　　　　　　　　　　　 B.20

C.10 　　　　　　　　　　　　　　 D.0

5.某项目投资需要的固定资产投资额为100万元，无形资产投资额为10万元，流动资金投资额为5万元，则该项目的原始总投资额为（　　）万元。

A.117 　　　　　　　　　　　　　　 B.115

C.110 　　　　　　　　　　　　　　 D.100

6.下列说法不正确的是（　　）。

A.当净现值大于零时，获利指数小于1

B.当净现值大于零时，说明该方案可行

C.当净现值为零时，说明此时的折现率为内部报酬率

D.净现值是未来现金流量的总现值与初始投资额现值之差

7.某投资方案的折现率为18%时，净现值为−3.17万元；折现率为16%时，净现值为6.12万元，则该方案的内部报酬率为（　　）。

A.14.68% 　　　　　　　　　　　　 B.16.68%

C.17.32% 　　　　　　　　　　　　 D.18.32%

8.某企业投资方案A的年销售收入为200万元，年总成本为100万元，其中，固定资产年折旧额为10万元，无形资产年摊销额为10万元，所得税税率为25%，则该项目经营现金净流量为（　　）万元。

A.95 　　　　　　　　　　　　　　 B.80

C.75 　　　　　　　　　　　　　　 D.100

9.若净现值为负数，表明该投资项目（　　）。

A.投资报酬率小于零，不可行

B.为亏损项目，不可行

C.投资报酬率不一定小于零，因此也有可能是可行方案

D.投资报酬率没有达到预定的折现率，不可行

10.已知甲项目的原始投资额为800万元，建设期为1年，投产后1至5年的每年净现金流量为100万元，第6至10年的每年净现金流量为80万元，则该项目不包括建设期的静态投资回收期为（　　）年。

A.7.50 　　　　　　　　　　　　　 B.9.75

C.8.75 　　　　　　　　　　　　　 D.7.65

11.净现值和获利指数指标共同的缺点是（　　）。

A.不能直接反映投资项目的实际收益率

B.不能反映投入与产出之间的关系

C.没有考虑资金的时间价值

D.无法利用全部净现金流量的信息

12.下列指标的计算与必要报酬率有关的是（　　　）。

A.净现值　　　　　　　　　　　　B.投资回收期

C.平均报酬率　　　　　　　　　　D.内部报酬率

13.某投资项目初始投资为12万元，当年完工投产，有效期3年，每年可获得现金净流量4.6万元，则该项目的内部报酬率为（　　　）。

A.6.68%　　　　　　　　　　　　B.7.33%

C.7.68%　　　　　　　　　　　　D.8.32%

14.某投资方案，当贴现率为16%时，其净现值为38万元；当贴现率为18%时，其净现值为-22万元。则该方案的内部收益率（　　　）。

A.大于18%　　　　　　　　　　　B.小于16%

C.介于16%与18%之间　　　　　　D.无法确定

15.某企业欲购进一套新设备，要支付400万元，该设备的使用寿命为4年，无残值，采用直线法计提折旧。预计每年可产生税前利润140万元，如果所得税税率为25%，则回收期为（　　　）年。

A.3.81　　　　　　　　　　　　　B.2.85

C.2.20　　　　　　　　　　　　　D.1.95

16.当折现率与内部报酬率相等时（　　　）。

A.净现值小于零　　　　　　　　　B.净现值等于零

C.净现值大于零　　　　　　　　　D.净现值不一定

17.某企业准备新建一条生产线，预计各项支出如下：投资前费用2 000元，设备购置费用8 000元，设备安装费用1 000元，建筑工程费用6 000元，投产时需垫支营运资本3 000元，不可预见费按总支出的5%计算，则该生产线的投资总额为（　　　）元。

A.20 000　　　　　　　　　　　　B.21 000

C.17 000　　　　　　　　　　　　D.17 850

18.当一项长期投资的净现值大于零时，下列说法不正确的是（　　　）。

A.该方案不可投资

B.该方案未来报酬的总现值大于初始投资的现值

C.该方案获利指数大于1

D.该方案的内部报酬率大于其资本成本

19.下列各项，不属于终结点现金流量范畴的是（　　　）。

A.固定资产折旧　　　　　　　　　B.固定资产残值收入

C.垫支在流动资产上资金的收回　　D.停止使用的土地的变价收入

20.投资决策评价方法，对于互斥方案来说，最好的评价方法是（　　　）。

A.净现值法　　　　　　　　　　　B.获利指数法

C.内部报酬率法　　　　　　　　　D.平均报酬率法

三、多项选择题

1.利润与现金流量的差异主要表现在（　　　）。

A.购置固定资产付出大量现金时不计入成本

B.将固定资产的价值以折旧或折耗的形式计入成本时，不需要付出现金

C.营业现金流量一般大于净利润

D.计算利润时不考虑垫支的流动资产的数量和回收的时间

2.原始总投资包括（　　　）。

A.固定资产投资　　　　　　　　　　B.开办费投资

C.投资前费用　　　　　　　　　　　D.流动资金投资

3.关于项目投资决策中的现金流量与财务会计的现金流量说法正确的是（　　　）。

A.项目投资决策中的现金流量表反映的是项目生产经营期的现金流量

B.财务会计中的现金流量表反映的是一个会计年度的现金流量

C.二者的期间特征不同

D.二者的信息属性相同

4.长期投资决策中的终结现金流量包括（　　　）。

A.固定资产上的残值收入或变价收入

B.垫支流动资产上的资金回收

C.停止使用的资产的变价收入

D.固定资产折旧

5.计算净现值时的折现率可以是（　　　）。

A.投资项目的资本成本　　　　　　　B.投资的机会成本

C.社会平均资金收益率　　　　　　　D.银行存款利率

6.在投资决策分析中使用的折现现金流量指标有（　　　）。

A.净现值　　　　　　　　　　　　　B.内部报酬率

C.获利指数　　　　　　　　　　　　D.平均报酬率

7.下列关于企业投资的说法正确的有（　　　）。

A.企业投资是提高企业价值的基本前提

B.企业投资仅指将闲置资金用于购买股票、债券等有价证券

C.直接投资是指把资金投放于证券等金融资产，以便取得股利或利息收入的投资

D.企业投资是降低风险的重要方法

8.下列投资属于短期投资的有（　　　）。

A.现金　　　　　　　　　　　　　　B.机器设备

C.存货　　　　　　　　　　　　　　D.无形资产

9.下列投资属于对外投资的有（　　　）。

A.股票投资　　　　　　　　　　　　B.固定资产投资

C.债券投资　　　　　　　　　　　　　D.应收账款

10.对于同一投资方案，下列说法中正确的有（　　　）。

A.资本成本越高，净现值越低

B.资本成本越高，净现值越高

C.资本成本等于内部报酬率时，净现值为零

D.资本成本高于内部报酬率时，净现值小于零

四、判断题

1.投资总额就是原始总投资，是指企业为使项目完全达到设计生产能力、开展正常经营而投入的全部现实资金。　　　　　　　　　　　　　　　　　（　　　）

2.项目投资决策使用的现金仅指各种货币资金。　　　　　　　　　（　　　）

3.在计算项目的现金流入量时，以营业收入替代经营现金流入是由于假定年度内没有发生赊销。　　　　　　　　　　　　　　　　　　　　　　　　（　　　）

4.内部报酬率是指使项目的获利指数等于1的折现率。　　　　　　（　　　）

5.独立方案的采纳与否不受其他方案的影响，只取决于方案本身的经济价值，所以可以运用净现值、内部报酬率等投资评价指标进行评价分析，决定方案的取舍。　　　　　　　　　　　　　　　　　　　　　　　　　　　　（　　　）

6.净现值与获利指数之间存在一定的对应关系，当净现值大于零时，获利指数大于零但小于1。　　　　　　　　　　　　　　　　　　　　　　　　（　　　）

7.直接投资的资金所有者和资金使用者是分离的，而间接投资的资金所有者和资金使用者是统一的。　　　　　　　　　　　　　　　　　　　　　　（　　　）

8.联营投资是对外投资。　　　　　　　　　　　　　　　　　　　（　　　）

9.在没有通货膨胀的情况下，必要收益率=资金时间价值+风险收益率。

（　　　）

10.对现金、应收账款、存货、短期有价证券的投资都属于短期投资。（　　　）

11.对内投资都是直接投资，对外投资都是间接投资。　　　　　　（　　　）

12.获利指数大于1，说明投资方案的报酬率低于资本成本。　　　（　　　）

13.在互斥方案的选择决策中，净现值法有时会作出错误的决策，内部报酬率法则始终能得出正确的答案。　　　　　　　　　　　　　　　　　　　（　　　）

14.在进行长期投资决策时，如果其备选方案净现值比较小，那么该方案的内部报酬率也相对较低。　　　　　　　　　　　　　　　　　　　　　　（　　　）

15.由于获利指数是用相对数来表示的，因此获利指数法优于净现值法。

（　　　）

16.财务管理研究的项目投资决策通常会对企业本身未来的生产经营能力和偿债能力产生直接的影响。　　　　　　　　　　　　　　　　　　　　（　　　）

17.在不考虑所得税因素的情况下，同一投资方案分别采用加速折旧法、直线法计提折旧不会影响各年的现金净流量。　　　　　　　　　　　　　（　　　）

18.现金净流量是现金流入量与现金流出量的差额，其数值一定大于0。
（　　　）

19.折旧对投资决策产生影响，实际上是由于所得税的存在而引起的。（　　　）

20.非折现指标又称为动态评价指标，包括：净现值、获利指数和内部报酬率等。
（　　　）

五、计算题

1.某企业拟购建一项固定资产，预计在建设起点需一次性投入资金1 100万元，建设期为2年，建设期满后需投入流动资金200万元。该固定资产估计可使用10年，期满有净残值100万元，按直线法计提折旧，流动资金于项目终结时一次收回，预计投产后每年可为企业多创利润100万元。

要求：假定不考虑所得税因素，计算项目各年的现金净流量。

2.东方公司目前有两个项目A、B可供选择，其各年的现金流量情况见表1-7。

表1-7　　　　　　　　　　　　项目A和B各年现金流量　　　　　　　　　　单位：元

年次（t）	项目A	项目B
0	-7 500	-5 000
1	4 000	2 500
2	3 500	1 200
3	1 500	3 000

要求：

（1）若东方公司要求的项目资金必须在2年内收回，应选择哪个项目？

（2）东方公司现在采用净现值法，设定折旧率为15%，应采纳哪个项目？

3.华荣公司准备投资一个新的项目以扩大生产能力，预计该项目可以持续5年，固定资产投资750万元。固定资产采用直线法计提折旧，折旧年限为5年，估计净残值为50万元。预计每年的付现成本为300万元，每件产品单价为250元/件，年销量为30 000件，均为现金交易。预计期初需要垫支营运资本250万元。假设资本成本为10%，所得税税率为25%。

要求：

（1）计算项目经营净现金流量。

（2）计算项目净现值。

4.时尚公司某项目投资期为2年，每年投资200万元。第3年年初开始投产，投产开始时垫支营运资本50万元，于项目结束时收回。项目运营期为6年，资产净残值为40万元，按直线法计提折旧。每年营业收入为400万元，付现成本为280万元。公司所得税税率为25%，资本成本为10%。

要求：

（1）计算项目现金流量。

（2）计算项目净现值。

（3）计算项目内部报酬率。

（4）评价项目是否可行。

营运资金管理

第七章

一、名词解释

1.营运资金

2.存货

3.现金机会成本

4.现金转换成本

5.信用条件

6.经济订货批量

7.再订货点

8.订货成本

9.储存成本

二、单项选择题

1.与企业为应付紧急情况而需要保持的现金余额无关的是（　　）。

A.企业愿意承担风险的程度　　　　　B.企业临时举债能力的强弱

C.企业销售水平　　　　　　　　　　D.企业对现金流量预测的可靠程度

2.某企业年赊销额为 500 万元（一年按 360 天计算），应收账款周转率为 10 次，变动成本率为 60%，资本成本为 8%，则企业的应收账款机会成本为（　　）万元。

A.2.4　　　　　　　　　　　　　　B.30

C.3.6　　　　　　　　　　　　　　D.4.2

3.（　　）反映了客户的经济实力与财务状况的优劣，是客户偿付债务的最终保证。

A.信用品质　　　　　　　　　　　　B.偿付能力

C.资本　　　　　　　　　　　　　　D.抵押品

4.某企业销售商品，年赊销额为 500 万元，信用条件为（2/10，1/20，N/40），预计将会有 60% 客户享受 2% 的现金折扣，30% 的客户享受 1% 的现金折扣，其余的客户均在信用期内付款，则企业应收账款的平均收账天数为（　　）。

A.14 天　　　　　　　　　　　　　B.15 天

C.16 天 D.无法计算

5.根据营运资金管理理论，下列各项不属于企业应收账款成本内容的是（　　）。

A.机会成本 B.管理成本

C.短缺成本 D.坏账成本

6.某企业全年需要甲材料240吨，每次进货成本40元，每吨材料年储存成本12元，则每年最佳进货次数为（　　）次。

A.3 B.4

C.6 D.9

7.企业评价客户等级，决定给予或拒绝客户信用的依据是（　　）。

A.信用标准 B.收账政策

C.信用条件 D.信用政策

8.下列各项，可用于计算营运资金的算式是（　　）。

A.资产总额–负债总额 B.流动资产总额–负债总额

C.流动资产总额–流动负债总额 D.速动资产总额–流动负债总额

9.下列各项，不直接影响保险储备量计算的是（　　）。

A.平均每天正常耗用量 B.预计最长订货提前期

C.预计每天最小耗用量 D.正常订货提前期

10.在资产总额和筹资组合都保持不变的情况下，如果固定资产增加，则短期资产减少，而企业的风险和盈利（　　）。

A.不变 B.增加

C.一个增加，另一个减少 D.不确定

11.信用条件"2/10，N/30"表示（　　）。

A.信用期限为10天，折扣期限为30天

B.如果在开票后10~30天内付款可享受2%的折扣

C.信用期限为30天，现金折扣为20%

D.如果在10天内付款，可享受2%的现金折扣

12.下列关于信用标准的说法不正确的是（　　）。

A.信用标准是企业同意向顾客提供商业信用而提出的基本要求

B.信用标准主要是规定企业只能对信誉很好、坏账损失率很低的顾客给予赊销

C.如果企业的信用标准较严，则会减少坏账损失，减少应收账款的机会成本

D.如果信用标准较宽，虽然会增加销售，但会相应增加坏账损失和应收账款的机会成本

13.经济批量是指（　　）。

A.采购成本最低的采购批量 B.订货成本最低的采购批量

C.储存成本最低的采购批量 D.存货总成本最低的采购批量

14.某公司每天正常耗用甲零件10件，订货提前期为10天，预计最大耗用量为20件，预计最长收货时间为20天，则该公司的保险储备和再订货点分别为（　　）

件和（　　）件。

A.150；250 　　　　　　　　B.100；400

C.200；250 　　　　　　　　D.250；150

15.企业持有现金的原因，主要是为了满足（　　）。

A.交易性、预防性、收益性需要 　　B.交易性、投机性、收益性需要

C.交易性、预防性、投机性需要 　　D.预防性、收益性、投机性需要

16.下列项目，属于持有现金的机会成本的是（　　）。

A.现金管理人员工资 　　　　　　B.现金安全措施费用

C.现金被盗损失 　　　　　　　　D.现金的再投资收益

17.某企业每年向供应商购入100万元的商品，该供应商提供的信用条件为"2/10，N/40"，若该企业放弃现金折扣，则其放弃现金折扣的资本成本为（　　）。

A.22.36% 　　　　　　　　　　B.24.49%

C.26.32% 　　　　　　　　　　D.36.73%

18.下列各项，属于应收账款机会成本的是（　　）。

A.应收账款占有资金的应计利息 　B.客户资信调查费用

C.坏账损失 　　　　　　　　　　D.收账费用

19.下列对应收账款信用期限的叙述，正确的是（　　）。

A.信用期限越长，企业坏账风险越小

B.信用期限越长，表明客户享受的信用条件越优越

C.延长信用期限，不利于销售收入的扩大

D.信用期限越长，应收账款的机会成本越低

20.预计销售额将由3 600万元变为7 200万元，收账期为60天，若该企业的变动成本率为60%，机会成本率为10%，假设成本水平保持不变，则该企业应收账款占用资本增加（　　）万元。

A.3 600 　　　　　　　　　　B.36

C.360 　　　　　　　　　　　D.600

21.下列关于现金折扣的表述，正确的是（　　）。

A.现金折扣又称商业折扣

B.现金折扣率越低，企业付出的代价越高

C.现金折扣是为了加快账款的回收而给予顾客的一定优惠

D.为了增加利润，应当取消现金折扣

22.已知B公司应收账款周转期为70天，应付账款周转期为30天，存货周转期为80天，货币资金周转期为（　　）天。

A.100 　　　　　　　　　　　B.120

C.150 　　　　　　　　　　　D.180

23.在存货ABC分类管理法下，最基本的分类标准是（　　）。

A.金额 　　　　　　　　　　　B.品种

C.数量　　　　　　　　　　　　　　D.体积

24.某公司存货周转期为160天，应收账款周转期为90天，应付账款周转期为100天，则该公司的现金周转期为（　　　）天。

A.30　　　　　　　　　　　　　　　B.60

C.150　　　　　　　　　　　　　　D.260

25.在其他条件相同的情况下，下列各项，可以加速现金周转的是（　　　）。

A.减少存货量　　　　　　　　　　B.减少应付账款

C.放宽赊销信用期　　　　　　　　D.利用供应商提供的现金折扣

26.在应收账款保理业务中，保理商和供应商将应收账款被转让的情况通知购货商，并签订三方合同，同时，供应商向保理商融通资金后，如果购货商拒绝付款，保理商有权向供应商要求偿还融通的资金，则这种保理是（　　　）。

A.暗保理，且是无追索权的保理　　B.明保理，且是有追索权的保理

C.暗保理，且是有追索权的保理　　D.明保理，且是无追索权的保理

27.企业将资金投放于应收账款而放弃其他投资项目，就会丧失这些投资项目可能带来的收益，则该收益是（　　　）。

A.应收账款的管理成本　　　　　　B.应收账款的机会成本

C.应收账款的坏账成本　　　　　　D.应收账款的短缺成本

28.某企业预计下年度销售净额为1 800万元，应收账款周转天数为90天（一年按360天计算），变动成本率为60%，资本成本为10%，则应收账款的机会成本是（　　　）万元。

A.27　　　　　　　　　　　　　　B.45

C.108　　　　　　　　　　　　　　D.180

29.某公司全年需用X材料18 000件，计划开工360天。该材料从订货日至到货日的时间为5天，保险储备量为100件。该材料的再订货点是（　　　）件。

A.100　　　　　　　　　　　　　　B.150

C.250　　　　　　　　　　　　　　D.350

30.采用ABC控制法进行存货管理时，应该重点控制的存货类别是（　　　）。

A.品种较多的存货　　　　　　　　B.数量较多的存货

C.库存时间较长的存货　　　　　　D.单位价值较大的存货

三、多项选择题

1.与长期负债筹资相比，流动负债筹资的特点包括（　　　）。

A.速度快　　　　　　　　　　　　B.弹性大

C.成本低　　　　　　　　　　　　D.风险小

2.下列各项，属于企业为满足交易动机所持有现金的是（　　　）。

A.偿还到期债务　　　　　　　　　B.派发现金股利

C.在银行维持补偿性余额　　　　　D.缴纳税款

3.经济订货批量（　　　）。

A.与存货的年度总需求量成正比　　　B.与每次订货的变动成本成反比

C.与单位存货的年储存成本成反比　　D.与存货的购置成本成正比

4.应收账款的功能包括（　　　）。

A.促进销售　　　　　　　　　　　　B.减少存货

C.增加现金　　　　　　　　　　　　D.减少借款

5.应收账款的信用条件包括（　　　）。

A.信用期限　　　　　　　　　　　　B.折扣期限

C.现金折扣　　　　　　　　　　　　D.收账政策

6.不适当的延长信用期限给企业带来的后果包括（　　　）。

A.应收账款机会成本增加　　　　　　B.坏账损失减少

C.坏账损失增加　　　　　　　　　　D.收账费用增加

7.下列各项属于应收账款管理成本的是（　　　）。

A.资金因投资应收账款而丧失的其他收入

B.应收账款无法收回带来的损失

C.客户资信调查费用

D.应收账款收账费用

8.存货的短缺成本包括（　　　）。

A.替代材料紧急采购的额外开支　　　B.材料供应中断造成的停工损失

C.延误发货造成的信誉损失　　　　　D.丧失销售机会的损失

9.评估顾客信用的5C评估法中的"5C"包括（　　　）。

A.品质　　　　　　　　　　　　　　B.能力

C.利润　　　　　　　　　　　　　　D.资本

E.情况

10.信用标准过高的可能结果包括（　　　）。

A.丧失很多销售机会　　　　　　　　B.降低违约风险

C.扩大市场占有率　　　　　　　　　D.减少坏账费用

11.某企业每年耗用甲材料360 000千克，该材料的单位采购成本为100元/千克，单位年储存成本为4元/千克，平均每次进货费用为200元，则下列表述，正确的有（　　　）。

A.经济进货批量是6 000千克

B.经济进货批量相关的总成本是24 000元

C.经济进货批量平均占有资金为300 000元

D.年度最佳进货批次为60次

12.运营资本组合筹资策略有（　　　）。

A.配合型组合筹资策略　　　　　　　B.激进型组合筹资策略

C.稳健型组合筹资策略　　　　　　　D.保守型组合筹资策略

13.现金成本包括（　　　）。

A.持有成本　　　　　　　　　B.转换成本

C.短缺成本　　　　　　　　　D.管理成本

14.编制现金预算时，如果现金余缺大于最佳现金持有量，则企业可采取的措施有（　　　）。

A.销售短期有价证券　　　　　B.偿还部分借款利息

C.购入短期有价证券　　　　　D.偿还部分借款本金

15.下列管理措施，可以缩短现金周转期的有（　　　）。

A.提前偿还短期融资券　　　　B.利用商业信用延期付款

C.加大应收账款催收力度　　　D.加快制造和销售产品

16.运用成本模型确定企业最佳现金持有量时，现金持有量与持有成本之间的关系表现为（　　　）。

A.现金持有量越小，总成本越大　　　B.现金持有量越大，机会成本越大

C.现金持有量越小，短缺成本越大　　　D.现金持有量越大，管理总成本越大

17.在一定时期内，应收账款周转次数多、周转天数少表明（　　　）。

A.收账速度快　　　　　　　　B.信用管理政策宽松

C.应收账款流动性强　　　　　D.应收账款管理效率高

18.一般而言，存货周转次数增加，其所反映的信息有（　　　）。

A.盈利能力下降　　　　　　　B.存货周转期延长

C.存货流动性增强　　　　　　D.资产管理效率提高

四、判断题

1.加速收款是企业提高现金使用效率的重要策略之一，因此，企业要努力把应收账款降低到最低水平。　　　　　　　　　　　　　　　　　　　（　　　）

2.再订货点的高低对经济订货批量不产生影响，对订货次数也没有影响。　　　　　　　　　　　　　　　　　　　　　　　　　　　　　　　（　　　）

3.企业通过信用调查和严格信用审批制度，可以解决账款遭到拖欠甚至拒付的问题。　　　　　　　　　　　　　　　　　　　　　　　　　　　（　　　）

4.企业营运资金越多，则企业的风险越大，收益率越高。　　　（　　　）

5.企业现金管理的目的首先是使现金获得最大的收益，其次是保证日常生产经营业务的现金需求。　　　　　　　　　　　　　　　　　　　　　（　　　）

6.营运资金具有流动性强的特点，但是流动性越强的资产其收益性就越差。　　　　　　　　　　　　　　　　　　　　　　　　　　　　　　　（　　　）

7.如果一个企业的短期资产比较多，短期负债比较少，说明短期偿债能力较弱。　　　　　　　　　　　　　　　　　　　　　　　　　　　　　（　　　）

8.赊销是扩大销售的有力手段之一，企业应尽可能放宽信用条件，增加赊销量。　　　　　　　　　　　　　　　　　　　　　　　　　　　　　（　　　）

9.企业加速收款的任务不仅是尽量使顾客早付款，而且要尽快地使这些付款转化为可用现金。　　　　　　　　　　　　　　　　　　　　　　　　（　　）

10.要制定最优的信用政策，应把信用标准、信用条件、收账政策结合起来，考虑其综合变化对销售额、应收账款机会成本、坏账成本和收账成本的影响。
　　　　　　　　　　　　　　　　　　　　　　　　　　　　　（　　）

11.在存货规划时，保险储备的存在会影响经济订货批量的计算，同时会影响再订货点的确定。　　　　　　　　　　　　　　　　　　　　　　　　（　　）

12.能够使企业的进货成本、储存成本和缺货成本之和最低的进货批量，便是经济进货批量。　　　　　　　　　　　　　　　　　　　　　　　　　（　　）

13.因为货币资金的管理成本是相对固定的，所以在确定货币资金最佳持有量时，可以不用考虑它的影响。　　　　　　　　　　　　　　　　　　　（　　）

14.在正常业务活动现金需要量的基础上，追加一定数量的现金余额以应付未来货币资金流入和流出的随机波动，这是出于投机动机。　　　　　　　（　　）

15.企业在不影响自己信誉的前提下，尽可能地推迟应付账款的支付期，是企业日常货币资金管理的措施之一。　　　　　　　　　　　　　　　　（　　）

16.一般来讲，当某种存货品种数量比例达到70%，可将其划分为A类存货，进行重点管理和控制。　　　　　　　　　　　　　　　　　　　　（　　）

17.在存货的ABC分类管理法下，应当重点管理的是虽然品种数量较少，但金额较大的存货。　　　　　　　　　　　　　　　　　　　　　　　（　　）

18.企业为满足交易动机所持有的货币资金余额主要取决于企业的销售水平。
　　　　　　　　　　　　　　　　　　　　　　　　　　　　　（　　）

19.应收账款的机会成本的大小与企业维持赊销业务所需要的资金和资本成本有关。　　　　　　　　　　　　　　　　　　　　　　　　　　　　（　　）

20.在存货模式下，持有货币资金的机会成本与现金固定性转换成本相等时的持有量为最佳货币资金持有量。　　　　　　　　　　　　　　　　　（　　）

21.在年需要量确定的情况下，经济订货批量越大，进货间隔期越长。（　　）

22.现金折扣是企业为了鼓励顾客多买商品而给予的价格优惠，每次购买的数量越多，价格也就越便宜。　　　　　　　　　　　　　　　　　　　（　　）

23.企业花费的收账费用越多，坏账损失就一定减少。　　　　　　（　　）

24.在确定信用标准时，只要提供商业信用增加的成本低于扩大销售增加的利益，企业就可以进一步提供商业信用。　　　　　　　　　　　　　　（　　）

25.配合型组合筹资策略以长期资金来满足部分永久性资产的需要，而余下的永久性资产和临时性资产则用短期资金来满足。　　　　　　　　　　（　　）

26.营运资金具有多样性、波动性、短期性、变动性和不易变现性等特点。
　　　　　　　　　　　　　　　　　　　　　　　　　　　　　（　　）

27.应付账款是供应商给企业的一种商业信用，采用这种融资方式是没有成本的。　　　　　　　　　　　　　　　　　　　　　　　　　　　　　（　　）

28.应收账款保理，从风险角度看，有追索权的保理相对于无追索权的保理对供应商更有利，对保理商更不利。 （　　）

29.存货管理的目标是在保证生产和销售需要的前提下，最大限度地降低存货成本。 （　　）

五、计算题

1.某公司预计全年需要现金 8 000 元，现金与有价证券的转换成本为每次 400 元，有价证券的利息率为 25%。

要求：计算该公司的最佳现金余额。

2.某公司每年需要某种原材料 600 吨，每次订货的固定成本为 8 000 元，每吨原材料年储存保管费用为 6 000 元。每吨原材料的价格为 800 元，但如果一次订购超过 50 吨，可得到 2% 的批量折扣。

要求：计算该公司应以多大批量订货。

3.某企业平均每天消耗甲材料 30 千克，预计每天最大消耗量为 50 千克。甲材料从发出订单到货物验收完毕平均需要 10 天，预计最长需要 13 天。

要求：计算甲材料的再订货点。

4.若企业的原材料购买和产品销售均采用信用方式，其应收账款的平均收账期为 80 天，应付账款的平均收账期为 95 天，从原材料购买到产成品销售的期限为 105 天。

要求：

（1）计算该公司的现金周转期。

（2）计算该公司的现金周转次数。

（3）若该公司现金年度需求量为 480 万元，计算最佳现金持有量。

5.某公司预测 20×9 年度销售收入净额为 4 500 万元，现销与赊销比例为 1:4，应收账款平均收账天数为 60 天，变动成本率为 50%，企业的资本成本为 10%。

要求：

（1）计算 20×9 年度赊销额。

（2）计算 20×9 年度应收账款的平均余额。

（3）计算 20×9 年度维持赊销业务所需要的资金额。

（4）计算 20×9 年度应收账款的机会成本。

（5）若 20×9 年应收账款需控制在 400 万元左右，在其他因素不变的情况下，应收账款平均收账天数应调整为多少天？

利润分配

第八章

一、名词解释

1.股票股利

2.股权登记日

3.除息日

4.股利政策

5.剩余股利政策

6.固定股利政策

7.稳定增长股利政策

8.固定股利支付率政策

9.股票分割

10.股票回购

11.现金股利

12.股利宣告日

13.股利支付日

14.低正常股利加额外股利政策

二、单项选择题

1.如果公司拟为发行新股做准备，在这种情况下应采用（   ）。

A.现金股利　　　　　　　　　　　B.股票股利

C.股票分割　　　　　　　　　　　D.股票回购

2.某企业需投资100万元，目前企业的负债率为40%，现有盈利130万元，如果采用剩余股利政策，则需支付股利（   ）万元。

A.40　　　　　　　　　　　　　　B.52

C.60　　　　　　　　　　　　　　D.70

3.能够体现利多多分、利少少分、无利不分原则的股利分配政策是（   ）。

A.固定或稳定增长的股利政策　　　B.剩余股利政策

C.低正常股利加额外股利政策　　　D.固定股利支付率政策

4.在利润分配应遵循的原则中（   ）是正确处理投资者利益关系的关键。

A.依法分配原则　　　　　　　　B.兼顾各方面利益原则

C.分配与积累并重原则　　　　　D.投资与收益对等原则

5.下列在确定公司利润分配政策时应考虑的因素中，不属于股东因素的是（　　）。

A.规避风险　　　　　　　　　　B.稳定股利收入

C.防止公司控制权旁落　　　　　D.公司未来的投资机会

6.（　　）的依据是股利无关论。

A.剩余股利政策　　　　　　　　B.固定股利政策

C.固定股利支付率政策　　　　　D.低正常股利加额外股利政策

7.下列关于库存股的论述中，正确的是（　　）。

A.我国上市公司回购股票可以作为库存股

B.库存股不能用于实施股权激励计划

C.公司可以长期持有库存股

D.库存股不能享有与正常的普通股相同的权利

8.某公司20×8年度净利润为4 000万元，预计20×9年投资所需的资金为2 000万元，假设目标资本结构是负债资金占60%，企业按照15%的比例计提盈余公积金，公司采用剩余股利政策发放股利，则20×8年度企业可向投资者支付的股利为（　　）万元。

A.2 600　　　　　　　　　　　B.3 200

C.2 800　　　　　　　　　　　D.2 200

9.（　　）适用于经营比较稳定或正处于成长期、信誉一般的公司。

A.剩余股利政策　　　　　　　　B.固定股利政策

C.固定股利支付率政策　　　　　D.低正常股利加额外股利政策

10.（　　）既可以在一定程度上维持股利的稳定性，又有利于企业的资本结构达到目标资本结构，使灵活性与稳定性较好结合。

A.剩余股利政策　　　　　　　　B.固定股利政策

C.固定股利支付率政策　　　　　D.低正常股利加额外股利政策

11.上市公司发放现金股利的原因不包括（　　）。

A.投资者偏好　　　　　　　　　B.减少代理成本

C.传递公司的未来信息　　　　　D.减少公司所得税负担

12.（　　）是领取股利的权利与股票相互分离的日期。

A.股利宣告日　　　　　　　　　B.股权登记日

C.除息日　　　　　　　　　　　D.股利支付日

13.股票股利与股票分割的区别在于（　　）。

A.股东的持股比例是否变化

B.所有者权益总额是否变化

C.所有者权益结构是否变化

D.股东所持股票的市场价值总额是否变化

14.股票回购的方式不包括（　　　）。

A.向股东标购　　　　　　　　　　B.用普通股换回债券

C.与少数大股东协商购买　　　　　D.在市场上直接购买

15.在下列各项中，能够增加普通股股票发行在外股数，但不改变公司资本结构的行为是（　　　）。

A.支付现金股利　　　　　　　　　B.增发普通股

C.股票分割　　　　　　　　　　　D.股票回购

16.如果上市公司以其应付票据作为股利支付给股东，则这种股利称为（　　　）。

A.现金股利　　　　　　　　　　　B.股票股利

C.财产股利　　　　　　　　　　　D.负债股利

17."为充分保护投资者的利益，企业必须在有可供分配留存收益的情况下才进行收益分配"所体现的分配原则是（　　　）。

A.资本保全原则　　　　　　　　　B.利益兼顾原则

C.依法理财原则　　　　　　　　　D.投资与收益对等原则

18.公司的法定公积金应当从（　　　）中提取。

A.利润总额　　　　　　　　　　　B.税后净利润

C.营业利润　　　　　　　　　　　D.营业收入

19.公司提取的公积金不能用于（　　　）。

A.弥补亏损　　　　　　　　　　　B.扩大生产经营

C.增加注册资本　　　　　　　　　D.集体福利支出

20.下面的（　　　）是确定投资者是否有权领取本次股利的日期。

A.股利宣布日　　　　　　　　　　B.股权登记日

C.除息日　　　　　　　　　　　　D.股利发放日

21.下列（　　　）是一种投资优先的股利政策。

A.剩余股利政策　　　　　　　　　B.固定股利政策

C.固定股利支付率政策　　　　　　D.低正常股利加额外股利政策

22.下列关于股票分割的论述正确的是（　　　）。

A.股票分割可以增加股东财富

B.股票分割不会使股票价格下降

C.股票分割可使股票股数增加，但股票面值不变

D.股票分割不会影响到资产负债表中股东权益各项金额的变化

23.厌恶风险的投资者偏好确定的股利收益，不愿将收益存在公司内部去承担未来的投资风险，因此公司采用高现金股利政策有利于提升公司价值，这种观点的理论依据是（　　　）。

A.代理理论　　　　　　　　　　　B.所得税差异理论

C.信号传递理论　　　　　　　　　D."手中鸟"理论

24.下列各项，属于固定股利支付率政策的优点是（　　　）。

A.股利与公司盈余紧密地配合　　　　B.有利于树立公司的良好形象

C.股利分配有较大灵活性　　　　　　D.有利于稳定公司的股价

25.要获得收取股利的权利，投资者购买股票的最迟日期是（　　　）。

A.股利宣告日　　　　　　　　　　　B.股利发放日

C.除息日　　　　　　　　　　　　　D.股权登记日

26.股票回购对上市公司的影响是（　　　）。

A.有利于保护债权人利益　　　　　　B.分散控股股东的控制权

C.有利于降低公司财务风险　　　　　D.降低资产流动性

27.下列各项，受企业股票分割影响的是（　　　）。

A.每股股票价值　　　　　　　　　　B.股东权益总额

C.企业资本结构　　　　　　　　　　D.股东持股比例

三、多项选择题

1.如果公司认为目前本公司的股票市价较高，想要降低公司的股票价格，可以采用的方式有（　　　）。

A.发放股票股利　　　　　　　　　　B.发放现金股利

C.进行股票分割　　　　　　　　　　D.回购股票

2.可以改变企业财务结构的方式有（　　　）。

A.现金股利　　　　　　　　　　　　B.股票股利

C.财产股利　　　　　　　　　　　　D.股票分割

3.股票回购对公司所产生的影响有（　　　）。

A.每股盈余不变　　　　　　　　　　B.股价不变

C.流通在外的股数减少　　　　　　　D.公司库存股份增加

4.在确定利润分配政策时须考虑股东因素，其中主张限制股利是出于（　　　）。

A.稳定收入考虑　　　　　　　　　　B.避税考虑

C.控制权考虑　　　　　　　　　　　D.规避风险考虑

5.固定股利支付率政策的优点包括（　　　）。

A.使股利与企业盈余紧密结合　　　　B.体现投资风险与收益的对等

C.有利于稳定股票价格　　　　　　　D.缺乏财务弹性

6.企业选择股利政策类型时通常需要考虑的因素包括（　　　）。

A.企业所处的成长与发展阶段　　　　B.股票的价格

C.目前的投资机会　　　　　　　　　D.企业的信誉状况

7.关于股票股利的说法正确的是（　　　）。

A.发放股票股利便于今后配股融通更多的资金和刺激股价

B.发放股票股利不会引起所有者权益总额的变化

C.发放股票股利会引起所有者权益内部结构的变化

D.发放股票股利没有改变股东的持股比例，但是改变了股东所持股票的市场

价值总额

8.在下列各项中，属于企业进行收益分配应遵循的原则有（　　　）。

A.依法分配原则　　　　　　　　　　B.资本保全原则

C.分配与积累并重原则　　　　　　　D.投资与收益对等原则

9.公司提取的公积金可以用于（　　　）。

A.弥补亏损　　　　　　　　　　　　B.扩大生产经营

C.转增公司股本　　　　　　　　　　D.转增公司资本公积

10.我国股份有限公司可以采取的股利形式包括（　　　）。

A.现金股利　　　　　　　　　　　　B.股票股利

C.财产股利　　　　　　　　　　　　D.负债股利

11.影响股利政策的因素有（　　　）。

A.法律因素　　　　　　　　　　　　B.债务契约因素

C.公司自身因素　　　　　　　　　　D.股东因素

12.公司进行股票分割的主要动机是（　　　）。

A.通过股票分割降低股票价格

B.向投资者传递未来业绩增长的信号

C.为以后发行新股筹资做准备

D.为股东增加财富

13.公司进行股票回购的动机主要有（　　　）。

A.传递股价被低估的数据　　　　　　B.为股东避税

C.满足认股权的行使　　　　　　　　D.预防或抵制敌意并购

14.股票回购的主要方式有（　　　）。

A.公开市场回购　　　　　　　　　　B.要约回购

C.协议回购　　　　　　　　　　　　D.强制回购

15.下列关于发放股票股利的表述，正确的有（　　　）。

A.不会导致公司现金流出　　　　　　B.会增加公司流通在外的股票数量

C.会改变公司股东权益的内部结构　　D.会对公司股东权益总额产生影响

16.下列各项股利政策，股利水平与当期盈利直接关联的有（　　　）。

A.固定股利政策　　　　　　　　　　B.稳定增长股利政策

C.固定股利支付率政策　　　　　　　D.低正常股利加额外股利政策

17.下列各项，属于剩余股利政策优点的有（　　　）。

A.保持目标资本结构　　　　　　　　B.降低再投资资本成本

C.使股利与企业盈余紧密结合　　　　D.实现企业价值的长期最大化

四、判断题

1.发放股票股利后，股东持有的股票数量增加，所以股东财富增加。　（　　　）

2.公司的股利分配方案由股东大会决定，债权人不得干预。　　　　　（　　　）

3.股票分割属于某种股利，其产生的效果与发放股票股利十分相近。　　（　　）

4.资本积累约束要求企业发放的股利或投资分红不得来源于原始投资（或股本），而只能来源于企业当期利润或留存收益。　　（　　）

5.处于成长期的公司多采取多分少留的股利政策，而陷入经营收缩的公司多采取少分多留的股利政策。　　（　　）

6.股利分配的税收效应理论认为股利政策不仅与股价相关，而且由于税负的影响，企业应采用高股利政策。　　（　　）

7.股份有限公司利润分配的顺序是：提取法定盈余公积、提取任意盈余公积、弥补以前年度亏损、向投资者分配利润或股利。　　（　　）

8.通常在除息日之前进行交易的股票，其价格高于在除息日后进行交易的股票价格。　　（　　）

9.出于稳定收入考虑，股东最不赞成固定股利支付率政策。　　（　　）

10.在公司的高速发展阶段，企业往往需要大量的资金，此时适合采用剩余股利政策。　　（　　）

11.公司发生年度亏损可以在5年内用税前利润弥补。　　（　　）

12.公司用公积金转增股本后，所留存的法定公积金不能低于转增前公司注册资本的25%。　　（　　）

13.股份有限公司依法回购的股份，可以参与利润分配。　　（　　）

14.投资者在除息日购入的股票无权领取本次股利。　　（　　）

15.公司分派股票股利会增加现金流出量。　　（　　）

16.投资者在宣告日以后购买股票就不会得到最近一次股利。　　（　　）

17.投资者只有在除息日之前购买股票，才能领取最近一次股利。　　（　　）

18.公司的现金流量会影响到股利的分配。　　（　　）

19.采取剩余股利政策，首先要确定企业的最佳资本结构。　　（　　）

20.采用剩余股利政策可以保证公司各年的股利水平比较均衡。　　（　　）

21.固定股利政策可以向投资者传递公司经营状况稳定的信息。　　（　　）

22.固定股利支付率政策可能会使各年股利波动较大。　　（　　）

23.公司采用股票股利进行股利分配，会减少公司的股东权益。　　（　　）

24.公司进行股票回购可以预防或抵制敌意并购。　　（　　）

25.当公司处于经营稳定或成长期，对未来的盈利和支付能力可作出准确判断并具有足够把握时，可以考虑采用稳定增长的股利政策，以增强投资者的信心。

　　（　　）

26.在股利支付程序中，除息日是指领取股利的权利与股票分离的日期，在除息日持有股票的股东有权参与当次股利的分配。　　（　　）

27.由于信息不对称和预期差异，投资会把股票回购当做公司认为其股票价格被高估的信号。　　（　　）

28.股票分割会使股票的每股市价下降，可以提高股票的流动性。　　（　　）

五、计算题

1.海虹股份公司20×8年的税后利润为1 500万元，确定的目标资本结构为：债务资本占60%，股权资本占40%。假设20×9年该公司有较好的投资项目，需要投资800万元，该公司采取剩余股利政策。

要求：计算该公司应当如何筹资和分配股利。

2.某公司20×9年拟投资2 000万元引进一条生产线以扩大生产能力，该公司的目标资本结构为自有资金占60%，借入资金占40%。该公司20×8年度的税后利润为1 000万元，继续执行固定股利政策，该年度应分配的股利为300万元。

要求：计算20×9年度该公司为引进生产线需要从外部筹集资金的数额。

3.某公司20×7年的税后利润为1 200万元，分配的现金股利为420万元。20×8年的税后利润为900万元。预计20×9该公司的投资计划需要资金500万元。该公司的目标资本结构为自有资金占60%，债务资金占40%。

要求：

（1）如果采取剩余股利政策，计算该公司20×8年应分配的现金股利额；

（2）如果采用固定股利政策，计算该公司20×8年应分配的现金股利额；

（3）如果采用固定股利支付率政策，计算该公司20×8年应分配的现金股利额；

（4）如果采取低正常股利加额外股利政策，该公司20×7年的现金股利为正常股利额，计算该公司20×8年应分配的现金股利额。

财务分析

第九章

一、名词解释

1. 比率分析法
2. 比较分析法
3. 速动比率
4. 权益乘数
5. 利息保障倍数
6. 应收账款周转率
7. 总资产周转率
8. 市盈率
9. 杜邦分析法

二、单项选择题

1. 企业的财务报告不包括（　　　　）。

A. 现金流量表　　　　　　　　　B. 资产负债表

C. 利润表　　　　　　　　　　　D. 预算表

2. 下列财务比率反映企业短期偿债能力的有（　　　　）。

A. 现金流量比率　　　　　　　　B. 资产负债率

C. 偿债保障比率　　　　　　　　D. 利息保障倍数

3. 下列财务比率反映企业营运能力的有（　　　　）。

A. 资产负债率　　　　　　　　　B. 流动比率

C. 存货周转率　　　　　　　　　D. 资产报酬率

4. 如果流动比率大于1，则下列结论成立的是（　　　　）。

A. 速冻比率大于1　　　　　　　B. 现金比率大于1

C. 营运资本大于0　　　　　　　D. 短期偿债有绝对保障

5. 运用资产负债表可计算的比率有（　　　　）。

A. 应收账款周转率　　　　　　　B. 总资产报酬率

C. 已获利息倍数　　　　　　　　D. 现金比率

6. 与资产负债率指标之和等于1的指标是（　　　　）。

A.权益乘数　　　　　　　　　　　B.股东权益比率

C.产权比率　　　　　　　　　　　D.资产长期负债率

7.某企业20×9年主营业务收入净额为36 000万元，流动资产平均余额为4 000万元，固定资产平均余额为8 000万元。假定没有其他资产，则该企业20×9年的总资产周转率为（　　　）次。

A.3.0　　　　　　　　　　　　　　B.3.4

C.2.9　　　　　　　　　　　　　　D.3.2

8.企业的应收账款周转率高，说明（　　　）。

A.企业的信用政策比较宽松　　　　B.企业的盈利能力比较强

C.企业的应收账款周转速度较快　　D.企业的坏账损失较多

9.影响速动比率可信性的最主要因素是（　　　）。

A.存货的变现能力　　　　　　　　B.短期证券的变现能力

C.产品的变现能力　　　　　　　　D.应收账款的变现能力

10.某公司年末会计报表上部分数据为：流动负债为60万元，流动比率为2，速动比率为1.2，销售成本为100万元，年初存货为52万元，则本年度存货周转次数为（　　　）次。

A.1.65　　　　　　　　　　　　　B.2

C.2.30　　　　　　　　　　　　　D.1.45

11.股东权益报酬率是杜邦分析体系中综合性最强、最具有代表性的指标，通过杜邦分析体系分析可知，提高股东权益报酬率的途径不包括（　　　）。

A.加强销售管理，提高销售净利率　　B.加强资产管理，提高总资产周转率

C.加强负债管理，降低资产负债率　　D.加强负债管理，提高产权比率

12.产权比率与权益乘数的关系是（　　　）。

A.产权比率×权益乘数=1

B.权益乘数=1/（1-产权比率）

C.权益乘数=（1+产权比率）/产权比率

D.权益乘数=1+产权比率

13.不影响股东权益报酬率的指标包括（　　　）。

A.总资产周转率　　　　　　　　　B.销售净利率

C.资产负债率　　　　　　　　　　D.流动比率

14.某企业年初资产总额为100万元，年末资产总额为140万元，净利润为24万元，所得税为9万元，利息支出为6万元，则总资产报酬率为（　　　）。

A.27.5%　　　　　　　　　　　　B.20%

C.32.5%　　　　　　　　　　　　D.30%

15.某企业去年的销售净利率为5.5%，资产周转率为2.5；今年的销售净利率为4.5%，资产周转率为2.4。若两年的资产负债率相同，则今年的股东权益报酬率与去年相比的变化趋势为（　　　）。

A.下降   B.不变

C.上升   D.难以确定

16.在下列财务比率中，既能反映企业资产综合利用的效果，又能衡量债权人权益和所有者权益的报酬情况的是（   ）。

A.销售利润率   B.总资产报酬率

C.产权比率   D.利息保障倍数

17.将积压的存货转为损失，将会（   ）。

A.降低速动比率   B.增加营运资金

C.降低流动比率   D.降低流动比率，也降低速动比率

18.（   ）指标是一个综合性最强的财务比率，也是杜邦系统的核心。

A.总资产净利率   B.股东权益报酬率

C.资产周转率   D.权益乘数

19.杜邦分析法主要用于（   ）。

A.偿债能力   B.营运能力分析

C.盈利能力分析   D.财务状况综合分析

20.在杜邦财务分析体系中，权益乘数（   ）。

A.只表示企业负债程度，与计算股东权益净利率无关

B.不表示企业负债程度，与计算股东权益净利率无关

C.既表示企业负债程度，又与计算股东权益净利率有关

D.不表示企业负债程度，与计算股东权益净利率有关

三、多项选择题

1.财务分析既是对已完成的财务活动的总结，又是财务预测的前提，在财务管理的循环中起着承上启下的作用。下列属于财务分析的目的是（   ）。

A.对企业当前财务运作进行调整和控制

B.可以提供解决问题的现成方法

C.对企业过去的财务状况和经营成果进行总结性分析和评价

D.预测未来企业财务运作的方向及其影响

2.应收账款周转率高表明（   ）。

A.收账迅速，账龄较短   B.资产流动性强，短期偿债能力强

C.库存现金增加   D.可以减少收账费用和坏账损失

3.下列各项，反映流动资产周转情况的指标有（   ）。

A.应收账款周转率   B.应收账款周转天数

C.流动资产周转率   D.存货周转天数

4.财务综合分析的方法主要有（   ）。

A.杜邦财务分析法   B.沃尔比重评分法

C.趋势分析法   D.因素分析法

5.影响股东权益报酬率的因素有（　　　　）。

A.销售净利率　　　　　　　　　　B.权益乘数

C.总资产周转率　　　　　　　　　D.资产负债率

6.对企业进行财务分析的主要目的有（　　　　）。

A.评价企业的偿债能力　　　　　　B.评价企业的营运能力

C.评价企业的盈利能力　　　　　　D.评价企业的发展能力

7.财务分析按其分析方法的不同，可以分为（　　　　）。

A.比率分析法　　　　　　　　　　B.比较分析法

C.内部分析法　　　　　　　　　　D.趋势分析法

8.在下列财务比率中，可以反映企业短期偿债能力的有（　　　　）。

A.现金比率　　　　　　　　　　　B.资产负债率

C.速动比率　　　　　　　　　　　D.现金流量比率

9.在下列经济业务中，会影响流动比率的有（　　　　）。

A.销售产成品　　　　　　　　　　B.偿还应付账款

C.用银行存款购买固定资产　　　　D.用固定资产对外进行长期投资

10.杜邦分析系统主要反映的财务比率关系有（　　　　）。

A.股东权益报酬率与资产报酬率及权益乘数之间的关系

B.资产报酬率与销售净利率及总资产周转率之间的关系

C.销售净利率与净利润及销售收入之间的关系

D.总资产周转率与销售收入及资产总额之间的关系

四、判断题

1.一般来说，流动资产扣除存货后的资产称为速动资产。（　　　）

2.资产负债率是反映企业短期偿债能力的指标。（　　　）

3.速动比率较流动比率更能反映流动负债偿还的安全性，如果速动比率较低，则企业的流动负债到期绝对不能偿还。（　　　）

4.市盈率越高说明投资者对企业的发展前景越看好，投资者更愿意以较高的价格购买公司股票。（　　　）

5.产权比率侧重于揭示企业财务结构的稳健程度以及自有资金对偿债风险的承受能力。（　　　）

6.某公司今年与上年相比，销售收入增长10%，净利润增长8%，资产总额增加12%，负债总额增加9%。可以判断，该公司净资产收益率比上年上升了。

（　　　）

7.产权比率越高，表明企业的长期偿债能力越强，债权人承担的风险越小。

（　　　）

8.在总资产净利率不变的情况下，资产负债率越高，净资产收益率越高。

（　　　）

9. 流动比率越高，表明企业的偿债能力越强，经营管理水平越高。　　（　　）

10. 现金比率越大越好。　　（　　）

11. 存货周转次数越多，表明企业的经营状况越好。　　（　　）

12. 比率分析法是指利用财务报表中性质相同的指标进行对比分析。　　（　　）

13. 企业的应收账款周转率越大，说明发生坏账损失的可能性越大。　　（　　）

14. 通过杜邦分析系统可以分析企业的资本结构是否合理。　　（　　）

15. 权益乘数的高低取决于企业的资本结构，资产负债率越高，权益乘数越高，财务风险越大。　　（　　）

五、计算题

1. 某企业 20×8 年的销售收入为 20 万元，毛利率为 40%，赊销比例为 80%，销售净利润率为 16%，存货周转率为 5 次，期初存货余额为 2 万元，期初应收账款余额为 4.8 万元，期末应收账款余额为 1.6 万元，速动比率为 1.6，流动比率为 2，流动资产占资产总额的 28%，该企业期初资产总额为 30 万元。该公司期末无待处理流动资产损失。

要求：

（1）计算应收账款周转率。

（2）计算总资产周转率。

（3）计算资产净利率。

2. 某企业年销售额（全部赊销）为 50 万元，毛利率为 20%，流动资产为 10 万元，流动负债为 8 万元，存货为 4 万元，现金为 0.5 万元（1 年按 360 天计算）。

要求：

（1）计算该企业的流动比率、速动比率和现金比率。

（2）如果该企业要求存货年周转次数达 16 次，问企业年平均存货持有量应为多少？

（3）如果该企业要求应收账款平均持有量为 4 万元，问应收账款周转天数应为多少天？

3. A 公司 20×8 年度销售收入为 840 万元，净利润为 117.6 万元。20×8 年年末的资产负债表见表 1-8。

表 1-8

资产负债表

20×8 年 12 月 31 日　　　　　　　　　　　　　　　　　　单位：万元

资产	期末余额	年初余额	负债和所有者权益	期末余额	年初余额
流动资产			流动负债	300	450
货币资金	90	100	非流动负债	400	250
应收票据及应收账款	180	120	负债合计	700	700
存货	360	230	所有者权益	700	700
流动资产合计	630	450	所有者权益合计	700	700
固定资产	770	950			
非流动资产合计	770	950			
资产总计	1 400	1 400	负债和所有者权益总计	1 400	1 400

A公司20×7年度销售净利率为16%，总资产周转率为0.5次，权益乘数为2.2，净资产收益率为17.6%。

要求：

（1）计算20×8年年末速动比率、资产负债率和权益乘数。

（2）计算20×8年总资产周转率、销售净利率和净资产收益率。

（3）利用因素分析法分析销售净利率、总资产周转率和权益乘数变动对净资产收益率的影响。

4.某公司相关资料见表1-9。

表1-9   **某公司相关财务数据表**   单位：万元

项目	上年	本年
平均总资产	46 780	49 120
平均净资产	25 729	25 051
营业收入	37 424	40 278
净利润	3 473	3 557

要求：请根据以上资料分别计算净资产收益率、营业利润率、总资产周转率以及权益乘数，并利用连环替代法对净资产收益率变动原因进行分析。

财务战略

第十章

一、名词解释

1.宏观环境分析

2.五力分析

3.核心能力

4.明星业务

5.问题业务

6.现金牛业务

7.瘦狗业务

8.SWOT分析法

二、单项选择题

1.下列各项，不属于经济因素的是（   ）。

A.社会流动性   B.社会经济结构

C.社会经济体制   D.当前经济状况

2.（   ）的标志是产品销量节节攀升，产品的销售群体已经扩大。

A.导入期   B.成长期

C.成熟期   D.衰退期

3.下列各项，不属于企业的主要资源的是（   ）。

A.有形资源   B.财务资源

C.无形资源   D.人力资源

4.（   ）认为，决定产品结构的基本因素有两个：市场引力与企业实力。

A.波士顿矩阵   B.通用矩阵

C.SWOT矩阵   D.五力模型

5.（   ）战略主要是为了获得短期收益，目标是在短期内尽可能地得到最大限度的现金收入。

A.发展   B.保持

C.收割   D.放弃

6.（   ）战略的目标在于清理和撤销某些业务，减轻负担，以便将有限的资源用于效益较高的业务。

　　A.发展　　　　　　　　　　　　B.保持

　　C.收割　　　　　　　　　　　　D.放弃

7.（　　　）战略主要是保持投资现状，目标是维持业务现有的市场占有率。

　　A.发展　　　　　　　　　　　　B.保持

　　C.收割　　　　　　　　　　　　D.放弃

8.SWOT中的"O"指的是（　　　）。

　　A.内部优势　　　　　　　　　　B.内部劣势

　　C.外部机会　　　　　　　　　　D.外部威胁

9.SWOT中的"T"指的是（　　　）。

　　A.内部优势　　　　　　　　　　B.内部劣势

　　C.外部机会　　　　　　　　　　D.外部威胁

10.SWOT中的"S"指的是（　　　）。

　　A.内部优势　　　　　　　　　　B.内部劣势

　　C.外部机会　　　　　　　　　　D.外部威胁

三、判断题

　　1.资源的稀缺性是判断企业竞争优势的唯一标准。　　　　　　　　　（　　　）

　　2.企业的能力主要包括研发能力、生产管理能力、营销能力、财务能力以及组织管理能力。　　　　　　　　　　　　　　　　　　　　　　　　　（　　　）

　　3.考察企业功能是识别企业核心竞争力常用的方法。　　　　　　　（　　　）

　　4.波士顿矩阵的横轴表示市场增长率，纵轴表示企业在产业中的相对市场占有率。　　　　　　　　　　　　　　　　　　　　　　　　　　　　　（　　　）

　　5.通用矩阵又称相对市场份额矩阵，是美国通用电气公司设计的一种投资组合的分析方法。　　　　　　　　　　　　　　　　　　　　　　　　　（　　　）

　　6.SWOT分析中的"多元化战略"是结合企业自身优势和企业外部环境的机会得到的发展战略。　　　　　　　　　　　　　　　　　　　　　　　　（　　　）

财务危机、重组与清算

第十一章

一、名词解释

1. 财务危机
2. 财务危机预警
3. 破产
4. 债务和解
5. 清算
6. 破产财产
7. 优先破产债权
8. 破产费用
9. 共益债务
10. 重组

二、单项选择题

1. 对于财务危机的理解，以下说法不正确的是（　　　）。

A. 财务危机指的是企业的财务失败

B. 企业的无偿债能力、亏损等都可视为财务危机的前期表现，破产倒闭是其最终的结果

C. 财务危机指的是企业由于现金流量不足，无力偿还到期债务，而被迫采取非常措施的一种状态

D. 财务危机指的是企业的经济失败

2. 为了监测和预报财务危机，学者采用各种数学工具和方法，其中广泛运用的是（　　　）。

A. 定性分析法　　　　　　　　　　B. 单变量模型

C. Z-score模型　　　　　　　　　　D. F分数模型

3. 甲企业欠乙公司货款无法按期偿还，后经双方协商，乙公司同意减免甲企业部分债务，其余部分甲企业以银行存款支付。该债务重组方式属于（　　　）。

A. 以低于债务账面价值的现金清偿债务

B. 以非现金资产清偿债务

C.债权转为股权

D.修改债务条件

4.下列关于企业清算财产支付顺序正确的是（   ）。

A.清理费用—工资—税款—其他无担保债务

B.工资—清算费用—税款—其他无担保债务

C.税款—清算费用—工资—其他无担保债务

D.其他无担保债务—清算费用—工资—税款

5.下列不属于破产财产的是（   ）。

A.宣告破产时破产企业经营管理的全部财产

B.已作为担保物的财产

C.应当由破产企业行使的其他财产权利，如专利权、著作权等

D.破产企业在破产宣告后至破产程序终结前取得的财产

6.破产清算工作人员的酬金及劳务费应计入（   ）。

A.管理费用　　　　　　　　　　B.工资费用

C.破产清算损益　　　　　　　　D.破产清算费用

7.关于企业债务重组的说法正确的是（   ）。

A.企业在资不抵债时，就应当进行债务重组

B.债务重组可以将债权转为股权

C.债务重组时，不可以用非现金资产清偿债务

D.债务重组时，不可以修改债务条件

8.以下不属于破产财产的构成条件的是（   ）。

A.必须是破产企业法人可以独立支配的财产

B.必须是在破产程序终结前属于破产企业的财产

C.必须是在破产程序受理前属于破产企业的财产

D.必须是依照破产程序可以强制清偿的债务人的财产

9.企业出现的下列（   ）情形，可以不进行清算。

A.股东大会决议解散

B.依法宣告破产

C.依法被吊销营业执照、责令关闭或者被撤销

D.企业经营出现暂时性亏损

三、多项选择题

1.下列属于发生财务危机之前的征兆的是（   ）。

A.关联企业出现财务危机　　　　B.存货出现异常变动

C.利润严重减少　　　　　　　　D.公司高管突然离职

2.下列属于财务危机发生原因的是（   ）。

A.高管存在结构缺陷　　　　　　B.高财务杠杆经营

C.会计信息系统管理中存在不足　　　D.经营过度

3.以下属于债务重组方式的有（　　）。

A.以低于债务账面价值的现金清偿债务

B.以非现金资产清偿债务

C.债权转为股权

D.修改债务条件

4.向法院提出破产申请，一般可由（　　）提出。

A.债务人的上级主管部门

B.债务人

C.债权人

D.债权人的上级主管部门

5.债务人通过（　　）等以缓解暂时债务的重组方式为修改其他债务条件。

A.延长债务偿还期限

B.减免应付未付利息

C.降低利率

D.延长债务偿还期限并减少本金

6.根据我国《破产法》的规定，破产界限的实际标准是不能清偿到期债务。下列情形，可以界定为债务人不能清偿到期债务的有（　　）。

A.债务人不能以财产、信用或能力等任何方式清偿债务

B.债务人停止支付到期债务并呈连续状况

C.债务人不能清偿的是已到期、债权人提出偿还要求的、无争议的债务

D.债务人对主要债务在可预见的相当长时间内持续不能偿还

7.在法院受理破产案件6个月至破产宣告之日的期间内，破产企业的（　　）行为无效。

A.隐匿、私分或无偿转让财产

B.非法出售财产

C.对原来没有提供财产担保的债务提供担保

D.放弃自己的债权

8.破产费用主要包括（　　）。

A.破产案件的诉讼费

B.管理、变卖和分配债务人财产的费用

C.清算组聘请的工作人员的费用

D.破产企业员工工资

9.下列关于破产财产的相关说法正确的是（　　）。

A.破产财产应优先清偿破产费用和共益债务

B.债务人财产不足以清偿所有破产费用和共益债务的，先行清偿破产费用

C.破产财产不足以清偿同一顺序求偿权的，应当按照比例进行分配

D.破产财产确定以后，一般都要变卖为货币资金，以便清偿债务

10.下列属于共益债务的有（　　　）。

A.因管理人或者债务人请求对方当事人履行双方均未履行完毕的合同所产生的债务

B.因债务人不当得利所产生的债务

C.债务人财产致人损害所产生的债务

D.债务人财产受无因管理所产生的债务

四、判断题

1.财务危机一般又称为财务失败，企业发生财务危机的主要标志就是现金流量短缺并呈持续状态，无力偿还到期债务。　　　　　　　　　　　　（　　　）

2.财务危机是一个渐进和积累的过程，一般分为四个阶段：财务危机潜伏期、财务危机发作期、财务危机发展期、财务危机恶化期。　　　　　　　（　　　）

3.现在主要使用的财务危机预警模型是单变量模型。　　　　　　（　　　）

4.破产企业的清算组对破产财产分配完毕，结平所有账户，即可终结破产程序，宣告企业终止。　　　　　　　　　　　　　　　　　　　　　（　　　）

5.当债务人出现财务困难，不能按期偿还债务时，债权人只能通过法律程序，要求债务人破产，以清偿债务。　　　　　　　　　　　　　　　　（　　　）

6.破产重组是对一些因出现暂时性财务困难的企业，通过与债权人相互协商，由债权人作出某些让步的一种企业整顿方式。　　　　　　　　　　　（　　　）

7.以修改债务条件进行债务重整时，对债权人和债务人都不应确认债权清理损失或债务重整收益。　　　　　　　　　　　　　　　　　　　　　（　　　）

8.在债权人作出让步的情况下，以非现金资产清偿债务，这种方式属于债务重整。　　　　　　　　　　　　　　　　　　　　　　　　　　　（　　　）

9.破产企业对破产可变现价值的清偿顺序，首先是偿还有担保的债权，其次是清偿无担保但有优先权的债权，然后再清偿无担保无优先权的债权。
　　　　　　　　　　　　　　　　　　　　　　　　　　　　　（　　　）

10."不能清偿到期债务"，是我国《破产法》对企业破产规定的破产界限。一般认为，如果债务人停止支付到期债务并呈连续状况，如无相反证据，可推定为不能清偿到期债务。　　　　　　　　　　　　　　　　　　　　　（　　　）

五、计算题

某上市公司20×8年的财务数据如下：

（1）年营业收入为52 000万元，息税前利润为5 000万元，股票市值为42 000万元（年末）。

（2）资产负债表简表见1-10表。

表 1-10
资产负债表（简表）

20×8 年 12 月 31 日   单位：万元

资产	金额	负债和所有者权益	金额
流动资产	16 000	流动负债	12 000
固定资产	60 000	长期负债	38 000
其他资产	4 000	股本	10 000
		资本公积	12 000
		盈余公积	6 000
		未分配利润	2 000
资产总计	80 000	负债和所有者权益总计	80 000

要求：计算该公司 20×8 年的 Z 值，对该公司的财务风险状况进行评价。

第二部分　教材同步自测习题参考答案

第一章　同步自测习题参考答案

一、名词解释

1.财务管理

财务管理是组织企业财务活动，处理财务关系的一项经济管理工作。

2.企业财务活动

企业财务活动是指以现金收支为主的企业资金收支活动的总称。

3.企业财务关系

企业财务关系是指企业在组织财务活动的过程中与各有关方面发生的经济关系。

4.股东财富最大化

股东财富最大化是指通过财务上的合理运营，为股东带来最多的财富。

5.利率

利率又称利息率，是指利息占本金的比率。从资金的借贷关系来看，利率是一定时期运用资金资源的交易价格。

6.通货膨胀补偿率

通货膨胀补偿率是指由于持续的通货膨胀不断降低货币的实际购买力，为补偿其购买力下降而要求提高的利率。

二、单项选择题

1.C	2.D	3.A	4.D	5.A
6.C	7.C	8.A	9.C	10.A
11.B	12.C	13.A	14.D	15.D

三、多项选择题

1.BD	2.ABCD	3.BCD	4.BCD	5.AC
6.ABCD	7.ABC	8.BCD	9.AC	10.AD
11.BC	12.ABCD	13.ABD	14.ABD	15.ABCD
16.BC	17.ABC			

四、判断题

1.×	2.√	3.√	4.×	5.√
6.√	7.√	8.×	9.×	10.×
11.×	12.√	13.×	14.√	15.√
16.×	17.×	18.√		

第二章　同步自测习题参考答案

一、名词解释

1.货币时间价值

货币时间价值是指在没有风险和没有通货膨胀的情况下，一定量货币在不同时点的价值差额。

2.复利

复利是指不仅本金要计算利息，利息也要计算利息，即通常所说的"利滚利"。

3.年金

年金是指在一定时期内，每隔相同的时间，收入或支出相等金额的系列款项。

4.普通年金

普通年金是指每期期末，收入或支出相等金额的系列款项。

5.先付年金

先付年金是指每期收入或支出相等金额的款项发生在每期的期初，而不是期末，也称即付年金。

6.递延年金

递延年金是指在最初若干期没有收付款项的情况下，后面若干期有等额的系列收付款项的年金。

7.永续年金

永续年金是指无限期的收入或支出相等金额的年金，也称永久年金。

8.企业特有风险

企业特有风险是指个别企业的特有事件造成的风险。它是随机发生的，只与个别企业和个别投资项目有关，不涉及所有企业和所有项目，可以分散，又称非系统风险或可分散风险。

9.市场风险

市场风险是指影响所有企业的风险。它由企业的外部因素引起，企业无法控制、无法分散，涉及所有的投资对象，又称系统风险或不可分散风险。

10.期望值

期望值，又称均值，是指随机变量各个可能取值以概率为权数的加权平均值。

11.标准差

标准差是指用来衡量概率分布各种可能值对期望值的偏离程度，反映风险的大小。

二、单项选择题

1.B	2.B	3.B	4.B	5.A
6.D	7.B	8.C	9.D	10.A
11.D	12.C	13.A	14.A	

三、多项选择题

1.ABCD	2.BCD	3.CD	4.AB	5.ACD
6.ABD	7.AC	8.AC	9.BCD	10.ABC
11.ABD	12.ABC	13.ABD		

四、判断题

1.√	2.×	3.×	4.√	5.√
6.√	7.×	8.×	9.√	10.√
11.√	12.×	13.×	14.√	15.×
16.√	17.√	18.√	19.×	20.×
21.√	22.×	23.√		

五、计算题

1.解：由复利终值的计算公式可知：

$PV_n = PV \times FVIF_{i,n}$

$= 123\,600 \times FVIF_{10\%,7} = 123\,600 \times 1.948\,7 = 240\,859.32(元)$

从以上计算可知，7年后这笔款的本利和为240 859.32元，比设备价格高859.32元，所以，7年后利民工厂可以用这笔款的本利和购买设备。

2.解：由普通年金现值的计算公式可知：

$PV_n = A \times PVIFA_{i,n}$

$500\,000 = A \times PVIFA_{12\%,5}$

$A = \dfrac{500\,000}{PVIFA_{12\%,5}} = \dfrac{500\,000}{3.604\,8} = 138\,703.95(元)$

由以上计算可知，每年应还款 138 703.95 元。

3.解：由普通年金现值的计算公式可知：

$$PV_n = A \times PVIFA_{i,n}$$
$$= 3\,000 \times PVIFA_{10\%,20}$$
$$= 3\,000 \times 8.5136 = 25\,540.8（元）$$

由以上计算可知，小王目前应存入 25 540.8 元。

4.解：由复利终值的计算公式可知：

$$FV_n = PV \times FVIF_{i,n}$$

$$FVIF_{i,n} = \frac{FV_n}{PV}$$

$$FVIF_{8\%,n} = \frac{300\,000}{140\,000}$$
$$= 2.1428$$

查 FVIF 表得，在 8% 一栏中，与 2.1428 接近但比 2.1428 小的终值系数为 1.9990，其期数为 9 年，比 2.1428 大的终值系数为 2.1589，其期数为 10 年。所以，我们求得 n 值一定在 9 年和 10 年之间，利用差值法可知：n=9.9。

从以上计算结果可知，需要 9.9 年本利和才能达到 300 000 元。

5.解：建成投产 3 年后（即第 6 年年末）一次性应偿还的金额：

$$F_6 = 100 \times FVIFA_{10\%,3} \times (1+10\%) \times FVIF_{10\%,3} = 100 \times 3.3100 \times 1.1 \times 1.3310 = 484.62（万元）$$

如果银行要求建成投产 2 年后分 3 年偿还，则平均每年应偿还的金额：

$$100 \times FVIFA_{10\%,3} \times (1+10\%) \times FVIF_{10\%,2} = A \times PVIFA_{10\%,3}$$

A=177.15（万元）

6.解：第一种付款方案支付款项的现值是 20 万元；

第二种付款方案是一个递延年金求现值的问题，第一次收付发生在第 4 年年初即第 3 年年末，所以递延期是 2 年，等额支付的次数是 7 次，所以：

$$PV = 4 \times PVIFA_{10\%,7} \times PVIF_{10\%,2}$$
$$= 16.09（万元）$$

第三种付款方案前 8 年是普通年金的问题，最后 2 年属于一次性收付款项，所以：

$$PV = 3 \times PVIFA_{10\%,8} + 4 \times PVIF_{10\%,9} + 5 \times PVIF_{10\%,10}$$
$$= 3 \times 5.3349 + 4 \times 0.4241 + 5 \times 0.3855 = 19.63（万元）$$

因为三种付款方案中，第二种付款方案的现值最小，所以应当选择第二种付款方案。

7.解：先利用先付年金现值的计算公式计算出 10 年的租金现值。

$$PV = A \times PVIFA_{i,n} \times (1+i)$$
$$= 200 \times PVIFA_{6\%,10} \times (1+6\%)$$
$$= 200 \times 7.3601 \times 1.06$$
$$= 1\,560.34（元）$$

由以上计算结果可知，10 年租金现值低于买价，因此选择租用设备。

8.解：$PV_0 = A \times PVIFA_{i,n} \times PVIF_{i,n}$

$\qquad = 5\,000 \times PVIFA_{10\%,10} \times PVIF_{10\%,10}$

$\qquad = 5\,000 \times 6.1446 \times 0.3855$

$\qquad = 11\,843.72\,(元)$

9.解：$PV_0 = 1\,200 \times PVIF_{14\%,1} + 2\,000 \times PVIF_{14\%,2} + 2\,400 \times PVIF_{14\%,3} + 1\,900 \times PVIF_{14\%,4} +$

$\qquad 1\,600 \times PVIF_{14\%,5} + 1\,400 \times PVIFA_{14\%,5} \times PVIF_{14\%,5}$

$\qquad = 1\,200 \times 0.8772 + 2\,000 \times 0.7695 + 2\,400 \times 0.6750 + 1\,900 \times 0.5921 +$

$\qquad 1\,600 \times 0.5194 + 1\,400 \times 3.4331 \times 0.5194$

$\qquad = 8\,664.08\,(元)$

10.解：要比较两个方案，就必须将两方案付款的现值进行比较。

第一种方案是一个10年期的即付年金，其现值为：

$PV_1 = A \times (PVIFA_{i,n-1} + 1)$

$\qquad = 200\,000 \times (PVIFA_{10\%,10-1} + 1)$

$\qquad = 200\,000 \times (5.7590 + 1)$

$\qquad = 1\,351\,800\,(元)$

第二种方案是一个延期3年的10年期递延年金，其现值为：

$PV_2 = A \times PVIFA_{i,n} \times PVIF_{i,m}$

$\qquad = 250\,000 \times PVIFA_{10\%,10} \times PVIF_{10\%,3}$

$\qquad = 250\,000 \times 6.1446 \times 0.7513$

$\qquad = 1\,154\,109.50\,(元)$

因为 $PV_1 > PV_2$，所以应选择第二个方案。

11.解：（1）计算期望报酬额。

$\overline{x} = \sum_{i=1}^{n} x_i p_i$

$\quad = 600 \times 0.3 + 300 \times 0.5 + 0 \times 0.2$

$\quad = 330\,(万元)$

（2）计算投资报酬额的标准差。

$\sigma = \sqrt{\sum_{i=1}^{n} (x_i - \overline{x})^2 \times P_i}$

$\quad = \sqrt{(600 - 330)^2 \times 0.3 + (300 - 330)^2 \times 0.5 + (0 - 330)^2 \times 0.2}$

$\quad = \sqrt{44\,100}$

$\quad = 210\,(万元)$

（3）计算标准离差率。

$V = \dfrac{\sigma}{\overline{x}} = \dfrac{210}{330} = 0.64$

（4）导入风险报酬系数，计算风险报酬率。

$R_r = b \times V = 8\% \times 0.64 = 5.12\%$

第三章　同步自测习题参考答案

一、名词解释

1.证券投资

证券投资是以国家或外单位公开发行的有价证券为购买对象的投资行为，它是企业投资的重要组成部分，是企业、个人或其他社会组织买卖有价证券的经济行为。

2.投资组合

投资者在进行投资时，一般并不把其所有资金都投资于一种证券，而是同时持有多种证券。这种同时投资的多种证券叫证券的投资组合，简称为证券组合或投资组合。

3.债券投资

债券投资是指企业通过证券市场购买各种债券（如国库券、金融债券、公司债券及短期融资券等）进行的投资。

4.债券的票面利率

债券的票面利率是指债券发行者预计1年内向投资者支付的利息占票面金额的比率。

5.股票投资

股票投资是指股份公司为了筹集自有资金而发行的代表所有权的有价证券，购买股票是企业投资的一种重要形式。

6.非系统性风险

非系统性风险又称可分散风险或公司特别风险，是指某些因素对单个证券造成经济损失的可能性，是可以分散的风险。

7.系统性风险

系统性风险又称不可分散风险或市场风险，是指由于某些因素给市场上所有的证券都带来经济损失的可能性。

二、单项选择题

1.C	2.C	3.A	4.B	5.C
6.C	7.A	8.B	9.A	10.B
11.C	12.A	13.A	14.B	15.B
16.D	17.A	18.B		

三、多项选择题

1.BCD	2.ABC	3.ABCD	4.ABCD	5.AD
6.ABC	7.ABCD	8.ABD	9.ABD	10.AB
11.CD	12.ABCD	13.ABCD	14.ABC	

四、判断题

1.×	2.√	3.√	4.×	5.√
6.√	7.√	8.√	9.√	10.√
11.√	12.×	13.√		

五、计算题

1.解：$PV = 1000 \times PVIF_{10\%,20} = 1000 \times 0.1486 = 148.6$（元）

2.解：（1）A债券当前的价格 $= 1000 \times PVIF_{8\%,5} = 680.6$（元）

B债券当前的价格 $= 80 \times PVIFA_{8\%,5} + 1000 \times PVIF_{8\%,5} = 1000$（元）

C债券当前的价格 $= 100 \times PVIFA_{8\%,5} + 1000 \times PVIF_{8\%,5} = 1079.87$（元）

（2）A债券1年后的价格 $= 1000 \times PVIF_{8\%,4} = 735$（元）

B债券1年后的价格 $= 80 \times PVIFA_{8\%,4} + 1000 \times PVIF_{8\%,4} = 1000$（元）

C债券1年后的价格 $= 100 \times PVIFA_{8\%,4} + 1000 \times PVIF_{8\%,4} = 1066.21$（元）

3.解：（1）债券价值 $= 1000 \times 10\% \times PVIFA_{8\%,5} + 1000 \times PVIF_{8\%,5} = 1079.87$（元）

因为债券的价值高于债券的发行价格，所以投资者会购买该债券。

（2）债券价值 $= 1000 \times (1 + 5 \times 10\%) \times PVIF_{8\%,5} = 1020.9$（元）

因为债券的价值高于债券的发行价格，所以投资者会购买该债券。

（3）债券价值 $= 1000 \times PVIF_{8\%,5} = 680.6$（元）

因为债券的价值低于债券的发行价格，所以投资者不会购买该债券。

4.解：（1）甲公司股票的股利预计每年均以5%的增长率增长，上年每股股利为0.2元，投资者要求必要报酬率为8%，代入长期持有、股利固定增长的股票估值模型。

$$V_{甲} = \frac{D_0(1+g)}{R-g} = \frac{0.2 \times (1+5\%)}{8\% - 5\%} = 7（元/股）$$

乙公司每年股利稳定不变，每股股利0.6元代入长期持有、股利稳定不变的股票估值模型。

$$V_{甲} = \frac{D}{R} = \frac{0.6}{8\%} = 7.5（元/股）$$

由于甲公司股票现行市价6元/股，低于投资价值7元/股，故该企业可以购买甲公司股票；乙公司股票现行市价8元/股，高于投资价值7.5元/股，故该企业不应该购买乙公司股票。

（2）假如企业按照6元/股的价格购入甲公司股票的持有期收益率为i，则有：

$$6 = \frac{0.2 \times (1+5\%)}{i - 5\%}$$

解得i=8.5%

第四章　同步自测习题参考答案

一、名词解释

1.吸收直接投资

吸收直接投资是指企业以协议形式筹集政府、法人、自然人等直接投入的资本，形成企业投入资本的一种筹资方式。

2.权益性筹资

权益性筹资形成企业的股权资本，亦称股权性筹资，是指企业依法取得并长期拥有、可自主调配运用的资本。

3.债务性筹资

债务性筹资形成企业的债务资本，是指企业依法取得并依约运用、按期偿还的资本。

4.混合型筹资

混合型筹资是兼具权益性筹资和债务性筹资双重属性的长期筹资类型，主要包括发行优先股筹资、发行可转换债券筹资和认股权证筹资三种方式。

5.普通股

普通股是指公司发行的，代表股东享有平等的权利、义务，不加特别限制，股利不固定的股票。普通股是最基本的股票。

6.优先股

优先股是指公司发行的，具有优先于普通股股东分取股利和公司剩余财产的权利的股票。

7.授信额度

授信额度是指借款企业与银行间正式或非正式协议规定的企业借款的最高限额。通常在授信额度内，企业可随时按需要向银行申请借款。

8.周转授信协议

周转授信协议是一种经常为大公司使用的正式授信额度。与一般授信额度不同，银行对周转信用额度负有法律义务，并因此向企业收取一定的承诺费用，一般按企业使用的授信额度的一定比率（约0.2%）计算。

9.浮动利率债券

浮动利率债券是指利率在债券发行之初不固定，而是根据有关利率（如银行存贷款利率等）加以确定的一种债券。

10.可转换债券

可转换债券是指由公司发行并规定债券持有人在一定时期内按约定的条件可将其转化为发行公司普通股的债券。

11.认股权证

认股权证是指由股份有限公司发行的可认购其股票的一种买入股权。它赋予持有者在一定期限内以事先约定的价格购买发行公司一定股份的权利。

12.融资租赁

融资租赁又称资本租赁、财务租赁，是由租赁公司按照承租企业的要求融资购买设备，并在契约或合同规定的较长期限内提供给承租企业使用的信用性业务。

13.售后租回

售后租回是指制造企业按照协议先将其资产卖给租赁公司，再作为承租企业将所售资产租回使用，并按期向租赁公司支付租金。采用这种融资租赁形式，承租企业因出售资产而获得了一笔现金，同时因将其租回而保留了资产的使用权。

14.杠杆租赁

杠杆租赁是国际上比较流行的一种融资租赁形式，一般涉及承租人、出租人和贷款人三方当事人。从承租人的角度来看，它与其他融资租赁形式并无区别，同样是按合同的规定，在租期内获得资产的使用权，按期支付租金。但对出租人却不同，出租人只垫支购买资产所需现金的一部分，其余部分则以该资产为担保向贷款人借款支付。

二、单项选择题

1.C	2.A	3.D	4.C	5.A
6.C	7.B	8.A	9.D	10.D
11.C	12.A	13.A	14.A	15.C
16.B	17.B	18.C	19.D	20.A
21.C	22.C	23.C	24.D	25.B
26.A				

三、多项选择题

1.BCD	2.ABD	3.ABCD	4.CD	5.ABC
6.ABCD	7.AC	8.ABD	9.AC	10.BC
11.AB	12.ACD	13.ABD	14.ABCD	15.ABCD
16.ABC	17.ABCD	18.ABCD		

四、判断题

1.×	2.×	3.√	4.×	5.×
6.×	7.×	8.√	9.√	10.√
11.×	12.√	13.√	14.×	15.√
16.×	17.×	18.×	19.√	20.×
21.×	22.√	23.√	24.√	25.×
26.×	27.√	28.√		

五、计算题

1. 解：（1）增加的资金需求量 $= 50\% \times 2\,000 - 15\% \times 2\,000 = 700$（万元）

（2）外部融资需要量 $= 50\% \times 2\,000 - 15\% \times 2\,000 - 10\,000 \times (1 + 20\%) \times 10\% \times 40\%$
$= 220$（万元）

2. 解：预计内部资金来源 $=$ 预计销售收入 $\times$ 预计销售净利率 $\times (1 -$ 股利支付率$)$
$= 50\,000 \times 10\% \times (1 - 60\%)$
$= 2\,000$（万元）

3. 解：（1）流动资产增长率为20%。

20×8 年年末的流动资产 $= 1\,000 + 3\,000 + 6\,000 = 10\,000$（万元）

20×9 年流动资产增长额 $= 10\,000 \times 20\% = 2\,000$（万元）

（2）流动负债增长率为20%。

20×8 年年末的流动负债 $= 1\,000 + 2\,000 = 3\,000$（万元）

20×9 年流动负债增加额 $= 3\,000 \times 20\% = 600$（万元）

（3）20×9 年公司需增加的营运资金 $=$ 流动资产增加额 $-$ 流动负债增加额
$= 2\,000 - 600 = 1\,400$（万元）

（4）20×9 年的销售收入 $= 20\,000 \times (1 + 20\%) = 24\,000$（万元）

20×9 年的净利润 $= 24\,000 \times 10\% = 2\,400$（万元）

20×9 年的留存收益 $= 2\,400 \times (1 - 60\%) = 960$（万元）

（5）20×9 年需要对外筹集的资金量 $= (1\,400 + 320) - 960 = 760$（万元）

第五章　同步自测习题参考答案

一、名词解释

1.资本成本

资本成本是指企业为筹集和使用资本而承付的代价。

2.资本结构

资本结构是指企业各种资本的价值构成及其比例关系，是企业一定时间筹资组合的结果。

3.个别资本成本

个别资本成本是指企业各种长期资本的成本率。

4.综合资本成本

综合资本成本是指一个企业全部长期资本的成本率，通常是以各种长期资本的比例为权重，对个别资本成本进行加权平均测算的，故亦称加权平均资本成本。

5.边际资本成本

边际资本成本是指企业追加筹资的资本成本，即企业新增资本所需负担的成本。

6.营业杠杆

营业杠杆也称经营杠杆或营运杠杆，是指由于固定性经营成本的存在，而使企业的资产报酬（息税前利润）变动率大于业务量变动率的现象。

7.财务杠杆

财务杠杆也称筹资杠杆或资本杠杆，是指由于债务利息、优先股股息等固定性融资成本的存在，而使得企业的普通股每股收益变动率大于息税前利润变动率的现象。

8.总杠杆

总杠杆也称联合杠杆，是指由于固定性经营成本和固定性融资成本的存在，导致普通股每股收益变动率大于产销业务量变动率的现象。营业杠杆是利用企业经营成本中固定成本的作用而影响息税前利润，财务杠杆是利用企业资本成本中债务资本固定利息的作用而影响税后利润或普通股每股收益。总杠杆综合了营业杠杆和财务杠杆的共同影响。

9.筹资费用

筹资费用是指企业在筹集资金的过程中为取得资金而发生的各项费用，如银行借款手续费，发行股票、债券等有价证券而支付的印刷费、评估费、公证费、宣传费及承销费等。

10.用资费用

用资费用是指在使用所筹资金的过程中向出资者支付的报酬，如银行借款和债券的利息、股票的股利等。

11.边际贡献

边际贡献是指销售收入总额和变动成本总额之间的差额，也称贡献毛益或边际利润。

12.每股收益无差别点

每股收益无差别点是指在不同筹资方式下每股收益都相等时的息税前利润和业务量水平。

二、单项选择题

1.C	2.B	3.A	4.D	5.D
6.B	7.A	8.B	9.D	10.D
11.A	12.D	13.C	14.B	15.A
16.D	17.B	18.C	19.C	20.A
21.D				

三、多项选择题

1.AB	2.AB	3.BCD	4.AB	5.ABD
6.ABCD	7.BCD	8.AB	9.ABC	10.ABC
11.ABC	12.CD	13.ABC	14.AB	15.ABCD
16.ACD	17.BCD			

四、判断题

1.×	2.√	3.×	4.√	5.×
6.√	7.×	8.×	9.×	10.√
11.√	12.×	13.√	14.√	15.×
16.√	17.√			

五、计算题

1.解：（1）长期银行借款资本成本=6%×（1-25%）=4.5%

（2）债券资本成本=6.86%×（1-25%）÷（1-2%）=5.25%

（3）优先股资本成本=7.76%÷（1-3%）=8%

（4）留存收益资本成本=4%+2×（9%-4%）=14%

（5）加权平均资本成本=1 000÷10 000×4.5%+4 000÷10 000×14%+2 000÷10 000×5.25%

+3 000÷10 000×8%=9.5%。

2.解：（1）$\text{DOL} = \dfrac{280 - 280 \times 60\%}{280 - 280 \times 60\% - 32} = 1.4$

（2）$\text{DFL} = \dfrac{80}{80 - 200 \times 40\% \times 12\%} = 1.14$

（3）DTL=1.4×1.14=1.596

3.解：（1）$\dfrac{(\overline{\text{EBIT}} - 20) \times (1 - 25\%)}{10 + 5} = \dfrac{(\overline{\text{EBIT}} - 20 - 40) \times (1 - 25\%)}{10}$

解得：

$\overline{\text{EBIT}} = 140 \,(万元)$

$\text{EPS} = \dfrac{(140 - 20 - 40) \times (1 - 25\%)}{10} = 6 \,(元/股)$

（2）企业息税前利润为140万元时，发行普通股和公司债券所带来的普通股每股盈余相等。目前企业预计的息税前利润为160万元，利用债务筹资可带来更多的税负抵免的好处，公司应选择第二个方案。

4.解：（1）综合资本成本按各种长期资本的比例乘以个别资本成本计算，则追加投资前：

$K_w = \dfrac{3\,000}{12\,000} \times 10\% \times (1 - 25\%) + \dfrac{9\,000}{12\,000} \times 12\% = 10.857\%$

（2）采用增发股票方式时：

$K_w = \dfrac{3\,000}{12\,000 + 2\,000} \times 10\% \times (1 - 25\%) + \dfrac{9\,000 + 2\,000}{12\,000 + 2\,000} \times 12\% = 11.04\%$

采用长期借款方式时：

$K_w = \dfrac{3\,000}{12\,000 + 2\,000} \times 10\% \times (1 - 25\%) + \dfrac{2\,000}{12\,000 + 2\,000} \times 8\% \times (1 - 25\%) + \dfrac{9\,000}{12\,000 + 2\,000} \times 12\%$
= 10.18%

可见，采用长期借款方式筹资后，综合资本成本要低于采用增发股票方式后的综合资本成本，所以应选择长期借款的方式筹资。

（3）采用增发股票方式时：

$\text{EPS} = \dfrac{(5\,400 - 3\,000 \times 10\%) \times (1 - 25\%)}{9\,000 + 2\,000} = 0.35 \,(元/股)$

采用长期借款方式时：

$\text{EPS} = \dfrac{(5\,400 - 3\,000 \times 10\% - 2\,000 \times 8\%) \times (1 - 25\%)}{9\,000} = 0.41 \,(元/股)$

可见，长期借款方式筹资时每股利润为0.41元，高于采用增发股票方式时的每股利润 0.35 元。

（4）两种筹资方式下每股利润的无差别点为：

$$\frac{(\overline{EBIT} - 3\,000 \times 10\%) \times (1 - 25\%)}{9\,000 + 2\,000} = \frac{(\overline{EBIT} - 3\,000 \times 10\% - 2\,000 \times 8\%) \times (1 - 25\%)}{9\,000}$$

解得：$\overline{EBIT} = 1\,180$（万元）

当前的息税前利润为 5\,400 万元，大于每股利润的无差别点 1\,180 万元，因此应该选择长期借款方式筹资。

5. 解：（1）A=6%×（1-25%）=4.5%

B=4%+1.25×（12%-4%）=14%

C=4.5%×（1\,000÷5\,500）+14%×（4\,500÷5\,500）=12.27%

D=（900-1\,500×8%）×（1-25%）÷16%=3\,656.25（万元）

E=1\,500+3\,656.25=5\,156.25（万元）

（2）债务市场价值为 1\,000 万元时的资本结构更优。理由是债务市场价值为 1\,000 万元时，公司总价值最大，平均资本成本最低。

第六章 同步自测习题参考答案

一、名词解释

1.企业投资

企业投资，是企业将财力投放于一定的对象，以期在未来获取收益的经济行为。

2.间接投资

间接投资又称证券投资，是指把资金投入证券等金融资产，以便取得股利或利息收入的投资。

3.对内投资

对内投资又称内部投资，是指把资金投在公司内部，购置各种生产经营用资产的投资。

4.对外投资

对外投资是指企业以现金、实物、无形资产等方式或者以购买股票、债券等有价证券的方式向其他单位的投资。

5.现金流量

现金流量在投资决策中是指一个项目引起的企业现金支出和现金收入的数量。

6.净现值

投资项目投入使用后的净现金流量，按资本成本或企业要求达到的报酬率折算为现值，减去初始投资以后的余额，叫做净现值。

7.内部报酬率

内部报酬率又称内含报酬率，是指使投资项目的净现值等于零的贴现率。

8.获利指数

获利指数又称利润系数，是指投资项目未来报酬的总现值与初始投资额的现值之比。

9.投资回收期

投资回收期是指回收初始投资所需的时间，一般以年为单位，是一种使用范围很广的投资决策指标。

10.平均报酬率

平均报酬率是指投资项目寿命周期内平均的年投资报酬率，也称平均投资报酬率。

二、单项选择题

1.D	2.A	3.D	4.C	5.B
6.A	7.C	8.A	9.D	10.C
11.A	12.A	13.B	14.C	15.D
16.B	17.B	18.A	19.A	20.A

三、多项选择题

1.ABCD	2.ABCD	3.BC	4.ABC	5.ABC
6.ABC	7.AD	8.AC	9.AC	10.ACD

四、判断题

1.×	2.×	3.×	4.√	5.√
6.×	7.×	8.√	9.√	10.√
11.×	12.×	13.×	14.×	15.×
16.√	17.√	18.×	19.√	20.×

五、计算题

1.解：初始现金流量

NCF_0=-1 100万元　NCF_1=0　NCF_2=-200万元

经营现金流量

$NCF_{3\sim11}$=净利润+折旧额=100+100=200（万元）

终结点现金流量=200+100+200=500（万元）

2.解：（1）项目A：

-7 500+4 000+3 500=0

项目B：

-5 000+2 500+1 200=-1 300（元）

若公司要求项目资金必须2年内收回，应选择项目A。

（2）$NPV_A = 4\,000 \times PVIF_{15\%,1} + 3\,500 \times PVIF_{15\%,2} + 1\,500 \times PVIF_{15\%,3} - 7\,500 = -389$（元）

$NPV_B = 2\,500 \times PVIF_{15\%,1} + 1\,200 \times PVIF_{15\%,2} + 3\,000 \times PVIF_{15\%,3} - 5\,000 = 53.82$（元）

若公司采用净现值法，应采纳项目B。

3.解：（1）项目经营净现金流量见表 2-1。

表 2-1　　　　　　　　　　　项目经营净现金流量　　　　　　　　　　单位：万元

项目	第0年	第1年	第2年	第3年	第4年	第5年
初始投资	−750					
残值						50
营运资本	−250					250
营业收入		750	750	750	750	750
付现成本		300	300	300	300	300
折旧		140	140	140	140	140
税前利润		310	310	310	310	310
所得税费用		77.5	77.5	77.5	77.5	77.5
税后净利		232.5	232.5	232.5	232.5	232.5
项目现金流量	−1 000	372.5	372.5	372.5	372.5	672.5

（2）项目净现值

$NPV = 372.5 \times PVIFA_{10\%,4} + 672.5 \times PVIF_{10\%,5} - 1000 = 598.34（万元）$

项目净现值为 598.34 万元。

4.解：（1）投资项目现金流量见表 2-2。

表 2-2　　　　　　　　　　　投资项目现金流量　　　　　　　　　　单位：万元

项目	第0年	第1年	第2年	第3~7年	第8年
初始投资	−200	−200			
营运资本垫支			−50		
经营现金流量				105	105
营运资本回收					50
净残值					40
现金流量	−200	−200	−50	105	195

其中：

营业现金流量 $NCF_{3-8} = (400 - 280 - \frac{400 - 40}{6}) \times (1 - 25\%) + \frac{400 - 40}{6} = 105（万元）$

终结点现金流量 $NCF_8' = 40 + 50 = 90（万元）$

（2）净现值计算。

$NPV = 105 \times PVIFA_{10\%,5} \times PVIF_{10\%,2} + 195 \times PVIF_{10\%,8} - 50 \times PVIF_{10\%,2} - 200 \times PVIF_{10\%,1} - 200$
$= -3.24（万元）$

（3）R=10%，NPV=−3.24万元；

R=9%，NPV=16.3万元。

IRR=9.83%

（4）由于净现值小于零，内部报酬率小于资本成本，所以项目不可行。

第七章 同步自测习题参考答案

一、名词解释

1.营运资金

营运资金是指流动资产减去流动负债后的余额。

2.存货

存货是指企业在生产经营过程中为销售或者耗用而储备的物资，包括材料、燃料、低值易耗品、在产品、半成品、产成品、商品等。

3.现金机会成本

现金机会成本是指企业因持有一定现金余额而丧失的再投资收益。

4.现金转换成本

现金转换成本是指企业用现金购入有价证券以及转让有价证券换取现金时付出的费用，即现金同有价证券之间相互转换的成本，如委托买卖佣金、手续费、过户费等。

5.信用条件

信用条件是指企业接受客户信用订单时所提出的付款要求，主要包括信用期限、折扣期限和现金折扣等。

6.经济订货批量

经济订货批量是指一定时期储存成本和订货成本总和最低的采购批量。

7.再订货点

再订货点是指订购下一批存货时本批存货的储存量。

8.订货成本

订货成本是指订购材料、商品而发生的成本。

9.储存成本

储存成本是指在物资储存过程中发生的仓储费、搬运费、保险费、占用资金支付的利息费等。

二、单项选择题

1.C	2.A	3.C	4.C	5.C
6.C	7.A	8.C	9.C	10.B
11.D	12.B	13.D	14.A	15.C
16.D	17.B	18.A	19.B	20.C
21.C	22.B	23.A	24.C	25.A
26.B	27.B	28.A	29.D	30.D

三、多项选择题

1.ABC	2.ABD	3.AC	4.AB	5.ABC
6.ACD	7.CD	8.ABCD	9.ABD	10.ABD
11.ABCD	12.ABC	13.ABCD	14.BCD	15.BCD
16.BC	17.ACD	18.CD		

四、判断题

1.×	2.√	3.×	4.×	5.×
6.√	7.×	8.×	9.√	10.√
11.×	12.√	13.√	14.×	15.√
16.×	17.√	18.√	19.√	20.√
21.√	22.×	23.×	24.√	25.×
26.×	27.×	28.×	29.√	

五、计算题

1.解：最佳现金余额 $N = \sqrt{\dfrac{2 \times 8\,000 \times 400}{25\%}} = 5\,060$（元）

2.解：经济批量 $Q = \sqrt{\dfrac{2 \times 8\,000 \times 600}{6\,000}} = 40$（吨）

（1）如果按经济批量订货，放弃折扣，总成本为：

$\dfrac{600 \times 8\,000}{40} + \dfrac{40 \times 6\,000}{2} + 600 \times 800 = 720\,000$（元）

（2）如果不按经济批量订货，取得数量折扣，总成本为：

$$\frac{600 \times 8\,000}{50} + \frac{50 \times 6\,000}{2} + 600 \times 800 \times (1 - 2\%) = 716\,400\,(元)$$

因此，公司应以50吨的批量订货。

3.解：再订货点 $= \dfrac{50 \times 13 + 30 \times 10}{2} = 475\,(千克)$

4.解：（1）现金周转期 $= 105 + 80 - 95 = 90\,(天)$

（2）现金周转次数 $= \dfrac{360}{90} = 4\,(次)$

（3）最佳现金持有量 $= \dfrac{480}{4} = 120\,(万元)$

5.解：（1）赊销额 $= \dfrac{4\,500 \times 4}{1 + 4} = 3\,600\,(万元)$

（2）应收账款平均余额 $= \dfrac{3\,600}{360} \times 60 = 600\,(万元)$

（3）维持赊销业务所需要的资金额 $= 600 \times 50\% = 300\,(万元)$

（4）应收账款的机会成本 $= 300 \times 10\% = 30\,(万元)$

（5）调整后的应收账款平均收账天数 $= \dfrac{400 \times 360}{3\,600} = 40\,(天)$

第八章　同步自测习题参考答案

一、名词解释

1.股票股利

股票股利，是指企业以股票形式发放的股利，即以股票作为股利的一种形式，按股东股份的比例发放。

2.股权登记日

股权登记日是指有权领取股利的股东资格登记截止日期，只有在股权登记日这一天在企业股东名册上有名的股东，才有权分享股利。

3.除息日

除息日是指领取股利的权利与股票相互分离的日期。

4.股利政策

股利政策是指在法律允许的范围内，企业是否发放股利、发放多少股利以及何时发放股利的方针及政策。

5.剩余股利政策

剩余股利政策是根据一定的目标资本结构（最优资本结构），测算出投资所需权益资本，并将其先从盈余中留用，然后将剩余的盈余作为股利予以分配。

6.固定股利政策

固定股利政策是将每年发放的股利固定在某一水平上并在较长的时期内保持不变，只有当企业认为未来盈余会显著地、不可逆转地增长时，才提高年度的股利发放额。

7.稳定增长股利政策

稳定增长股利政策是指企业在支付一定金额股利的基础上，确定一个目标增长率，依据企业盈利水平按目标增长率逐步提高股利支付水平，以抵消通货膨胀的不利影响。

8.固定股利支付率政策

固定股利支付率政策是指企业确定一个固定的股利占盈余的比例，并且每年按这一固定比例支付股利给股东。

9.股票分割

股票分割（又称拆股），是指将高面额股票拆换为低面额股票的行为。

10.股票回购

股票回购，是指股份有限公司出资重新购回已发行在外股票的行为。

11.现金股利

现金股利，是指股份制企业以现金的形式发放给股东的股利，这是最常见的股利支付方式。

12.股利宣告日

股利宣告日，是指企业董事会将股利支付情况予以公告的日期。

13.股利支付日

股利支付日，是指企业向股东支付股利的日期。

14.低正常股利加额外股利政策

低正常股利加额外股利政策，是介于固定股利政策和固定股利支付率政策之间的一种折中的股利政策。这种股利政策主张企业每年只支付固定数额的较低股利，在企业经营业绩非常好的年份，根据企业的经营状况确定额外的增长股利，除了按期支付给股东低正常股利外，再加付额外股利给股东。

二、单项选择题

1.C	2.D	3.D	4.D	5.D
6.A	7.D	8.B	9.B	10.D
11.D	12.C	13.C	14.B	15.C
16.D	17.A	18.B	19.D	20.B
21.A	22.D	23.D	24.A	25.D
26.D	27.A			

三、多项选择题

1.AC	2.ABC	3.CD	4.BC	5.AB
6.ACD	7.ABC	8.ABCD	9.ABC	10.AB
11.ABCD	12.AB	13.ABCD	14.ABC	15.ABC
16.CD	17.ABD			

四、判断题

1.×	2.×	3.×	4.×	5.×
6.×	7.×	8.√	9.×	10.×
11.√	12.√	13.×	14.√	15.×
16.×	17.√	18.√	19.√	20.×
21.√	22.√	23.×	24.√	25.√
26.×	27.×	28.√		

五、计算题

1.解：首先，按目标资本结构需要筹集的股权资本。

$800 \times 40\% = 320$（万元）

其次，确定应分配的股利总额。

$1500 - 320 = 1180$（万元）

因此，海虹公司还应当筹集债务资本为：

$800 - 320 = 480$（万元）

2.解：20×8年度公司留用利润 $= 1000 - 300 = 700$（万元）

20×9年度自有资金需要量 $= 2000 \times 60\% = 1200$（万元）

20×9年度外部资金筹集金额 $= 1200 - 700 = 500$（万元）

3.解：（1）20×9年投资需要的自有资金为：

$500 \times 60\% = 300$（万元）

如果采用剩余股利政策，20×8年的现金股利额为：

$900 - 300 = 600$（万元）

（2）如果采用固定股利政策，则20×8年应分配的现金股利额为420万元。

（3）如果采用固定股利支付率政策，则固定股利支付率为：

$\dfrac{420}{1200} \times 100\% = 35\%$

20×8年的现金股利额为：

$900 \times 35\% = 315$（万元）

（4）如果采用低正常股利加额外股利政策，则20×8年应分配的现金股利额为420万元。

第九章　同步自测习题参考答案

一、名词解释

1.比率分析法
比率分析法是将企业同一时期的财务报表中的相关项目进行对比，得出一系列财务比率，以此来揭示企业的财务状况的分析方法。

2.比较分析法
比较分析法是将同一企业不同时期的财务状况或不同企业之间的财务状况进行比较，从而揭示企业财务状况中所存在差异的分析方法。

3.速动比率
速动比率是企业速动资产与流动负债的比率。

4.权益乘数
股东权益比率的倒数，称为权益乘数，即资产总额是股东权益的多少倍。

5.利息保障倍数
利息保障倍数是指企业息税前利润与利息费用之比，又称已获利息倍数，用以衡量偿付借款利息的能力。

6.应收账款周转率
应收账款周转率（次数）是指一定时期内应收账款平均收回的次数，是一定时期内商品或产品销售收入净额与应收账款平均余额的比值。

7.总资产周转率
总资产周转率是指企业销售收入与企业资产平均总额的比率。

8.市盈率
市盈率是指股票每股市价与每股收益的比率。

9.杜邦分析法
杜邦分析法是利用各主要财务比率指标间的内在联系，对企业状况及经济效益进行综合系统的分析和评价的方法，这种分析方法是由美国杜邦公司最早创造的，故称杜邦分析法。

二、单项选择题

1.D	2.A	3.C	4.C	5.D
6.B	7.A	8.C	9.D	10.B
11.C	12.D	13.D	14.C	15.A
16.B	17.C	18.B	19.D	20.C

三、多项选择题

1.ACD	2.ABD	3.ABCD	4.AB	5.ABC
6.ABCD	7.AB	8.ACD	9.ABC	10.ABCD

四、判断题

1.×	2.×	3.×	4.×	5.√
6.×	7.×	8.√	9.×	10.×
11.√	12.×	13.×	14.√	15.√

五、计算题

1.解：（1）计算应收账款周转率。

营业收入 = 销售收入 × 赊销比例 = $20 × 80\% = 16$（万元）

$$应收账款周转率（周转次数）= \frac{营业收入}{平均应收账款余额} = \frac{16}{(4.8+1.6)÷2} = \frac{16}{3.2} = 5（次）$$

（2）计算总资产周转率。

$$存货周转率（周转次数）= \frac{营业成本}{平均存货余额} = \frac{营业成本}{(期初存货余额 + 期末存货余额)÷2}$$

$$期末存货余额 = \frac{2×营业成本}{存货周转率} - 期末存货余额 = \frac{2×20×(1-40\%)}{5} - 2 = 2.8（万元）$$

$$速动比率 = \frac{流动资产 - 存货}{流动负债} = \frac{流动资产 - 2.8}{流动负债} = 1.6 \qquad (1)$$

$$流动比率 = \frac{流动资产}{流动负债} = 2 \qquad (2)$$

由（1）、（2）两式解得 流动资产=14（万元）

流动负债=7（万元）

$$期末资产总额 = \frac{14}{28\%} = 50（万元）$$

$$总资产周转率（周转次数）= \frac{营业收入}{平均资产总额} = \frac{20}{(30+50)÷2} = 0.5（次）$$

（3）计算资产净利率。

首先，计算净利率。

净利润 = 销售收入 × 销售净利润 = 20 × 16% = 3.2（万元）

$$资产净利率 = \frac{净利润}{资产平均总额} = \frac{3.2}{(30+50)÷2} = 8\%$$

2.解：（1）$流动比率 = \frac{流动资产}{流动负债} = \frac{100\,000}{80\,000} = 1.25$

$$速动比率 = \frac{速动资产}{流动负债} = \frac{(100\,000 - 40\,000)}{80\,000} = 0.75$$

$$现金比率 = \frac{货币资金 + 交易性金融资产}{流动负债} = \frac{5\,000}{80\,000} = 0.0625$$

（2）毛利额 = 销售收入 × 毛利率 = 100 000（元）

销售成本 = 500 000 − 100 000 = 400 000（元）

$$平均存货 = \frac{400\,000}{16} = 25\,000（元）$$

（3）$应收账款周转天数 = \frac{平均应收账款余额 × 360}{营业收入} = \frac{40\,000 × 360}{500\,000} = 28.8（天）$

3.解：（1）$速动比率 = \frac{速动资产}{流动负债} = \frac{630 - 360}{300} = 0.9$

$$资产负债率 = \frac{负债总额}{资产总额} = \frac{700}{1\,400} = 50\%$$

$$权益乘数 = \frac{资产总额}{股东权益总额} = \frac{1}{1 - 0.5} = 2$$

（2）$总资产周转率 = \frac{营业收入}{平均资产总额} = \frac{840}{(1\,400 + 1\,400)÷2} = 0.6（次）$

$$销售净利率 = \frac{净利润}{销售收入} × 100\% = \frac{117.6}{840} × 100\% = 14\%$$

$$净资产收益率 = \frac{净利润}{平均净资产} × 100\% = \frac{117.6}{700} × 100\% = 16.8\%$$

（3）销售净利率变动影响 =（14% − 16%）× 0.5 × 2.2 = −2.2%

总资产周转率变动影响 = 14% ×（0.6 − 0.5）× 2.2 = 3.08%

权益乘数变动影响 = 14% × 0.6 ×（2 − 2.2）= −1.68%

4.解：上年基本指标计算：

净资产收益率 = 3 473÷25 729 = 13.50%

营业利润率 = 3 473÷37 424 = 9.28%

总资产周转率 = 37 424÷46 780 = 0.80（次）

权益乘数 = 46 780÷25 729 = 1.82

本年指标计算：

净资产收益率 = 3 557÷25 051 = 14.20%

营业利润率 = 3 557÷40 278 = 8.83%

总资产周转率 = 40 278÷49 120 = 0.82（次）

权益乘数 = 49 120÷25 051 = 1.96

分析对象：14.20%-13.50%=0.70%

（1）营业利润率变动对净资产收益率的影响：

（8.83%-9.28%）×0.80×1.82=-0.66%

（2）总资产周转率变动对净资产收益率的影响：

8.83%×（0.82-0.80）×1.82=0.32%

（3）权益乘数变动对净资产收益率的影响：

8.83%×0.82×（1.96-1.82）=1.01%

各因素影响合计=-0.66%+0.32%+1.01%=0.67%（与分析对象的差异系小数点取舍所致）

从上述计算中，可以看出上年公司净资产收益率为13.50%，本年上升到14.20%，上升幅度（0.70%）大。观察得到营业利润率、总资产周转率以及权益乘数变动均对净资产收益产生影响。营业利润率降低了0.45%（9.28%-8.83%），使净资产收益率降低了0.66%，总资产周转率提速了0.02（0.82-0.80），使净资产收益率提高了0.32%，权益乘数上升了0.14（1.96-1.82）使净资产收益率升高1.01%，由此可以看出，权益乘数的变动对净资产收益率的影响最大，甚至高过其他两个指标对其的影响程度，由数据可以看出，权益乘数的变动主要是因为本年净资产减少，平均总资产得到增加，从而导致股东权益在总资产中的比重有所下降，进而导致权益乘数上升，影响净资产收益率。

第十章　同步自测习题参考答案

一、名词解释

1.宏观环境分析

宏观环境因素可以分为政治和法律因素（political factors）、经济因素（economical factors）、社会文化因素（social factors）以及技术因素（technological factors），由于这四个因素首字母组合起来是 PEST，所以宏观环境分析又称"PEST"分析法。

2.五力分析

在每一个产业中都存在五种基本竞争力量，即潜在进入者、替代品、购买者、供应者与现有竞争者，在一个产业中，五种力量共同决定产业竞争的强度以及产业利润率，最强的一种或几种力量占据着统治地位。

3.核心能力

核心能力是企业中有价值的资源，它可以使企业获得竞争优势，并且不会随着使用而递减。

4.明星业务

高增长、强竞争的明星业务，这类业务处于迅速增长的市场，具有很大的市场份额。

5.问题业务

高增长、弱竞争的问题业务，这类业务通常处于最差的现金流量状态，一方面市场增长率很高，另一方面市场占有率很低。

6.现金牛业务

低增长、强竞争的现金牛业务，这类业务处于成熟的低速增长的市场中，市场地位有力，盈利率高，本身不需要投资，反而能为企业提供大量资金，用以支持其他业务的发展。

7.瘦狗业务

低增长、弱竞争的瘦狗业务，这类业务处于饱和的市场中，竞争激烈，可获利润很低，不能成为企业资金的来源。

8.SWOT分析法

SWOT分析法是一种综合考虑企业内部条件（企业内部的优势与劣势）和外部

环境（企业外部环境的机会与威胁）的各种因素，进行系统评价，从而选择最佳经营战略的方法。

二、单项选择题

1.A	2.B	3.B	4.A	5.C
6.D	7.B	8.C	9.D	10.A

三、判断题

1.×	2.√	3.√	4.×	5.×
6.×				

第十一章　同步自测习题参考答案

一、名词解释

1. 财务危机

财务危机可称为财务困境或财务失败，是指企业由于现金流量不足，无力偿还到期债务，而被迫采取非常措施的一种状态。

2. 财务危机预警

财务危机预警又称财务预警，是指根据企业经营状况和财务指标等因素的变化，对企业经营活动中存在的财务风险进行监测、诊断和报警的方法。

3. 破产

破产是指企业在市场竞争中，由于各种原因不能清偿到期债务，通过重整、和解或者清算等法律程序，使得债权债务关系依据重整计划或者和解协议得以调整，或者通过变卖债务人财产，使得债权人公平受偿。

4. 债务和解

债务和解又称债务重组，是指在债务人发生财务危机的情况下，债权人按照其与债务人达成的协议或法院的裁定作出让步，使债务人减轻债务负担，渡过难关，从而解决债务人债务问题的行为。

5. 清算

企业清算是指企业在终止过程中，为终结现存的各种经济关系，对企业的财产进行清查、估值和变现，清理债权和债务，分配剩余财产的行为。

6. 破产财产

破产财产是指依法在破产宣告后，可依破产程序进行清算和分配的破产企业的全部财产。

7. 优先破产债权

对破产人的特定财产享有担保权的权利人，对该特定财产享有优先受偿的权利，该部分债权称为优先破产债权。

8. 破产费用

破产费用是指在破产案件中，为破产债权人的共同利益而支出的费用。

9. 共益债务

共益债务是指在破产程序中为全体债权人共同利益所负担的各种债务的总称。

10.重组

重组是指公司为了实现其战略目标，对公司的资源进行重新组合和优化配置的活动。

二、单项选择题

1.D	2.C	3.A	4.A	5.B
6.D	7.B	8.C	9.D	

三、多项选择题

1.ABCD	2.ABCD	3.ABCD	4.BC	5.ABCD
6.ABCD	7.ABCD	8.ABC	9.ABCD	10.ABCD

四、判断题

1.√	2.×	3.×	4.×	5.×
6.×	7.×	8.√	9.√	10.√

五、计算题

解：营运资本=16 000−12 000=4 000（万元）

留存收益=6 000+2 000=8 000（万元）

负债总额=12 000+38 000=50 000（万元）

$X_1 = 4\,000 \div 80\,000 = 0.05$

$X_2 = 8\,000 \div 80\,000 = 0.10$

$X_3 = 5\,000 \div 80\,000 = 0.06$

$X_4 = 42\,000 \div 50\,000 = 0.84$

$X_5 = 52\,000 \div 80\,000 = 0.65$

$Z = 0.012 \times 0.05 + 0.014 \times 0.10 + 0.033 \times 0.06 + 0.006 \times 0.84 + 0.999 \times 0.65 = 0.66$

$Z < 1.81$，说明企业破产的概率较高。

第三部分　财务管理实训

实训一　货币时间价值

一、实验目的

通过实验使学生理解货币时间价值；利用EXCEL函数FV、PV及电子表格处理软件，熟悉并掌握货币时间价值，包括复利终值、复利现值、年金终值、年金现值、永续年金现值、递延年金现值、期数和贴现率的计算。

二、实验原理

运用筹资、投资管理中的终值、现值的概念，结合EXCEL函数公式，计算复利终值、复利现值、年金终值、年金现值、永续年金现值、递延年金现值、期数和贴现率。具体函数如下：

复利现值=PV（RATE，NPER，0，-FV）

复利终值=FV（RATE，NPER，0，-PV）

年金现值=PV（RATE，NPER，-PMT，0）

年金终值=FV（RATE，NPER，-PMT，0）

期数=NPER（RATE，，-PV，FV）　　　　　　　　　复利终值

　　=NPER（RATE，PMT，-PV）　　　　　　　　　年金现值

贴现率=RATE（NPER，，-PV，FV）　　　　　　　　复利终值

　　=RATE（NPER，PMT，-PV）　　　　　　　　　年金现值

三、实验内容

（一）终值和现值的计算

1.实验资料

某人5年后想要从银行取出10 000元，年利率为6%，按复利计算，则现在应该存入银行的现金是多少？若某人现在存入银行10 000元，年利率为6%，按复利

计算，则5年后复利终值是多少？若有一笔年金，分期支付，每期支付1 000元，年利率为6%，则这笔年金的现值是多少？若有一笔年金，分期支付，每期支付1 000元，年利率为6%，则这笔年金在第5期时的终值是多少？

2.分析步骤

（1）创建工作表。终值、现值计算表见表3-1。

表3-1　　　　　　　　　　　　终值、现值计算表　　　　　　　　　金额单位：元

	A	B	C	D	E
1	终值、现值计算表				
2	年限	利率	终值	现值	年金
3	5	6%	10 000	10 000	1 000
4	现值				
5	终值				
6	年金现值				
7	年金终值				

（2）在表3-1的A4：E4中输入原始数据。

（3）填充公式见表3-2，利用表3-2在表3-1中进行计算。

表3-2　　　　　　　　　　　　　　填充公式

单元格	函数
D4	=PV（B4，A4，0，-C4）
C5	=FV（B4，A4，0，-D4）
E6	=PV（B4，A4，-E4，0）
E7	=FV（B4，A4，-E4，0）

（二）计算期数

1.实验资料

A.某企业现有资金50 000元，拟投资于甲方案，甲方案的年投资报酬率为12%，问该企业投资甲方案几年后才能得到100 000元的终值？

B.某人现在投入资金20 000元购买一个理财产品，每年的回报资金均为1 600元，贴现率为6%，问这个理财产品至少要保证多少年才能够开始取得净收益？

2.分析步骤

A.在单元格中插入NPER函数，输入内容为："=NPER（12%，-50 000，100 000）"。运算结果为6.12。

B.在单元格中插入NPER函数，输入内容为："=NPER（6%，1 600，-20 000）"。运算结果为23.79。

（三）计算贴现率

1.实验资料

A.某人现在存款 20 000 元，希望 5 年后得到 50 000 元，假设每年年末复利计息一次，那么复利年利率应该达到多少？

B.某人现在投入资金 20 000 元购买一个理财产品，每年的回报资金均为 1 600 元，收益的持续时间为 25 年，求该投资的实际收益率。

2.分析步骤

A.在单元格中插入 RATE 函数，输入内容为："=RATE（5，-20 000，50 000）"。运算结果为 20.11%。

B.在单元格中插入 RATE 函数，输入内容为："=RATE（25，-1 600，20 000）"。运算结果为 6.24%。

四、练习题

1.在 15 年前由于 A 企业的发展遇到一些问题，急需大笔资金，王先生借给 A 企业 150 万元现金用于发展生产，考虑到风险水平，双方约定的利率为 14%，A 企业可以选择在 15 年内的任意时间点还钱，但是该企业一直没有足够的资金偿还，本年度是 A 企业还款的最后一年，A 企业终于准备还款。请计算还款额。

2.如果你突然收到一张事先不知道的 1 267 亿美元的账单，你一定会大吃一惊。而这件事却发生在瑞士的田纳西镇的居民身上。该问题源于 1966 年的一笔存款。斯兰黑不动产公司在田纳西镇的一个银行存入 6 亿美元的存款。存款协议要求银行按 1% 的周利率复利付息。1994 年，纽约布鲁克林法院作出判决：从存款日到田纳西镇对该银行进行清算的 7 年中，这笔存款应按每周 1% 的复利计息，而在银行清算后的 21 年中，每年按 8.54% 的复利计息。请说明 1 267 亿美元是如何计算出来的并思考该案例的启示。

3.某人持有一份 10 年公司债券，在取得时忘记了支付的金额，但是已知本年度截止日可以取得的本金和利息之和为 124 800 元，票面利率为 9.2%，求该公司债券的票面金额。

4.王先生准备与朋友投资一个新项目，按照规定，王先生提供项目所需的 150 万元资金，但是不享受公司股份，只享受未来公司给其分配的固定收益，收益额为每年 30 万元，期限为 8 年，已知王先生如果不做这个项目，可以获得的最低投资报酬率为 18%，问王先生是否该投资此项目。

5.基金中有一种购买方式为定投型基金，是约定银行每月按期定额从指定账户扣除现金用于购买基金的一种产品。如果 A 家庭现在开始使用定投方式购买基金，月投入额为 1 500 元，问 15 年后可以取出多少钱。（基金长期的年投资报酬率假设为 24%）

6.小王准备储存 40 万元用于子女将来的出国费用，现在开始向银行存款，已知存款的利率为 7.85%，如果每年存款额为 3 万元，问几年小王可以达到 40 万元的存款额？

7. 如果你手中拥有 100 万元的现金，有人愿意向你借钱，其承诺未来 10 年每年还款 17 万元，而同期你可以获得的年平均收益率为 12%（一分利），不考虑借款人的风险差异，问是否应该借钱给他？

8.（1）参考年金终值系数表编制一个先付年金终值系数表。

横轴为利率 1% ~ 10%，纵轴为年限 1 年 ~ 10 年。

（2）再参考年金现值系数表编制一个先付年金现值系数表。

横轴为利率 1% ~ 10%，纵轴为年限 1 年 ~ 10 年。

实训二　筹资方式选择

一、实验目的

掌握各种筹资方式的优缺点，利用 EXCEL 函数 PMT、IPMT、PPMT 及电子表格处理软件计算贷款的每年偿还额、偿还的利息和本金；利用 EXCEL 函数及电子表格处理软件进行筹资方式决策分析。

二、实验原理

1.股票筹资

（1）普通股筹资

A 股票无限期持有

$$V_c = \sum_{t=1}^{\infty} \frac{D_1}{(1+R)^t}$$

特殊地：

固定股利政策下

$$V_c = \frac{D}{R}$$

稳定增长股利政策下

$$V_c = \frac{D_1}{R-g} = \frac{D_0(1+g)}{R-g}$$

B 股票有限期持有

$$V_c = \frac{D_1}{(1+R)} + \frac{D_2}{(1+R)^2} + \cdots + \frac{D_n}{(1+R)^n} + \frac{P_n}{(1+R)^n}$$

（2）优先股筹资

A 股票无限期持有

$$V_p = \frac{D_p}{R}$$

B 股票有限期持有

$$V_p = D \cdot PVIFA_{R,n} + P_n \cdot PVIF_{R,n}$$

2.债券筹资

$$V_b = I \cdot PVIFA_{R,n} + F \cdot PVIF_{R,n}$$

3.长期借款筹资

（1）考虑筹资费用

$$K_1 = \frac{I(1-T)}{L(1-F)}$$

（2）忽略筹资费用

$$K_1 = R_1 \times (1-T)$$

4.融资租赁筹资

（1）平均分摊法

$$A = \frac{(C-S)+I+F}{N}$$

（2）等额年金法

$$A = \frac{PVA_n}{PVIFA_{i,n}}$$

三、实验内容

（一）股票筹资

1.实验资料

甲、乙、丙三家公司的有关资料如下：

甲公司准备发行6 000万股普通股，预计第1年发放股利2元/股，以后股利将以5%的比率稳定增长，股东要求的投资报酬率为15%。

乙公司准备发行5 000万股普通股，预计第1年发放股利1元/股，在第2至5年中股利将以8%的比率增长，5年以后股利将以3%的比率稳定增长，股东要求的投资报酬率为12%。

丙公司原有普通股5 000万股，现拟于当年4月1日增发3 000万股普通股，预计发行股票当年公司盈利为4 500万元，根据行业平均市盈率水平测算，发行市盈率确定为20倍。

问：不考虑承销费用时3家公司股票的发行价格应为多少？如果证券承销商对承销股票业务按股票发行总额收取5%的承销费用，3家公司股票的零售发行价格应为多少？

2.分析步骤

股票资料见表3-3。

填充公式见表3-4。

（二）债券筹资

1.债券价值与市场利率的关系

（1）实验资料

某公司拟发行两种期限不同的债券，M债券的期限为5年，N债券的期限为10年。两种债券面值均为1 000元，票面利率均为10%，每年年末付息一次，到期一次还本。当市场利率分别为6%、8%、10%、12%和14%的情况下，两种债券的价值分别是多少？试根据计算结果对债券发行价格进行分析。

表 3-3   股票资料

	A	B	C	D
1		甲股票	乙股票	丙股票
2	现有普通股			5 000
3	增发新股（万股）	6 000	5 000	3 000
4	第 2 至 5 年股利增长率		8%	
5	第 1 年预计股利（元/股）	2	1	
6	第 2 年预计股利（元/股）			
7	第 3 年预计股利（元/股）			
8	第 4 年预计股利（元/股）			
9	第 5 年预计股利（元/股）			
10	股利稳定增长率	5%	3%	
11	股东要求的投资报酬率	15%	12%	
12	发行股票当年预计盈利（万元）			4 500
13	发行市盈率			20
14	发行股票承销费率	5%	5%	5%
15	不考虑承销费时股票的发行价格（元/股）			
16	考虑承销费时股票的发行价格（元/股）			

表 3-4   填充公式

单元格	公式	单元格	公式
C6	=C5*（1+$C$4）	C15	=NPV（C11，C5：C9）＋（C9*（1+C10）/（C11−C10））/（1+C11）^5
C7	=C6*（1+$C$4）	D15	=D13*D12/（D2+D3*9/12）
C8	=C7*（1+$C$4）	B16	=B15/（1−B14）
C9	=C8*（1+$C$4）	C16	=C15/（1−B14）
B15	=B5/（B11−B10）	D16	=D15/（1−B14）

（2）分析步骤

债券资料见表3-5。

表3-5　　　　　　　　　　　　　　　　　债券资料

	A	B	C	D	E	F
1	债券资料					
2		M债券	N债券			
3	债券面值（元）	1 000	1 000			
4	票面利率	10%	10%			
5	期限（年）	5	10			
6						
7	债券价值计算					
8	市场利率	6%	8%	10%	12%	14%
9	M债券的价值（元）					
10	N债券的价值（元）					

填充公式见表3-6。

表3-6　　　　　　　　　　　　　　　　　填充公式

单元格	公式
B9	=PV（B8，$B$5，－$B$3*$B$4，－$B$3）
C9	=PV（C8，$B$5，－$B$3*$B$4，－$B$3）
D9	=PV（D8，$B$5，－$B$3*$B$4，－$B$3）
E9	=PV（E8，$B$5，－$B$3*$B$4，－$B$3）
F9	=PV（F8，$B$5，－$B$3*$B$4，－$B$3）
B10	=PV（B8，$C$5，－$C$3*$C$4，－$C$3）
C10	=PV（C8，$C$5，－$C$3*$C$4，－$C$3）
D10	=PV（D8，$C$5，－$C$3*$C$4，－$C$3）
E10	=PV（E8，$C$5，－$C$3*$C$4，－$C$3）
F10	=PV（F8，$C$5，－$C$3*$C$4，－$C$3）

选取单元格区域B8：F10，单击工具栏上的［插入］按钮，在［图表］中选取［折线图］，然后按照图标向导对话框提示的4个步骤依次操作，并对图表进行格式化，即可得到M和N两种债券的价值与市场利率之间的关系图，如图3-1所示。

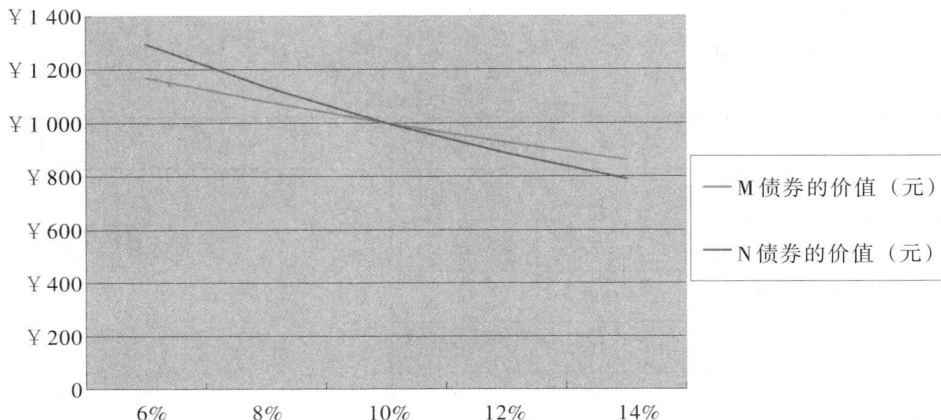

图3-1 两种债券的价值与市场利率之间的关系图

由计算结果以及图3-1债券价值与市场利率之间的关系图可以看出，随着市场利率的升高，M和N两种债券的价值都会逐渐降低，即债券的价值与市场利率之间成反方向变化的关系。但是期限长的N债券价值的变动比期限短的M债券价值的变动受市场利率的影响更大，即当市场利率升高时，N债券价值下降的幅度大于M债券；反之，当市场利率降低时，N债券价值增加的幅度也大于M债券。当市场利率等于债券的票面利率时，两种债券的价值都等于其面值，此时债券应等价发行；当市场利率低于债券的票面利率时，两种债券的价值都高于其面值，此时债券应溢价发行；当市场利率高于债券的票面利率时，两种债券的价值都低于其面值，此时债券应折价发行。

2.债券价值与到期期限的关系

（1）实验资料

某公司正在考虑发行X债券或Y债券。两种债券的面值均为1 000元，期限均为5年，均为每半年付息一次，到期一次还本。X债券的票面利率为8%，Y债券的票面利率为12%。市场利率为10%。这两种债券目前的发行价格应是多少？债券资料见表3-7。

（2）分析步骤

在单元格B11中输入计算公式："= PV（$B$7/$B$6，B10*$B$6，−$B$3*$B$4/$B$6，−$B$3）"。

解释：上述公式实质为 = PV（5%，0*2，−1 000*8%/2，−1 000）

其中"5%"为实际折现率，"0*2"表示折现期数，"1 000*8%/2"表示每半年利息，"1 000"表示终值。

然后向右复制公式直到G11，计算X债券在不同时期的价值。

在单元格B12中输入计算公式："= PV（$C$7/$C$6，B10*$C$6，−$C$3*$C$4/$C$6，−$C$3）"。

然后向右复制公式直到G12，计算Y债券在不同时期的价值。

表 3-7 债券资料

	A	B	C	D	E	F	G
1	债券资料						
2		X 债券	Y 债券				
3	债券面值（元）	1 000	1 000				
4	票面利率	8%	12%				
5	期限（年）	5	5				
6	每年付息次数（次）	2	2				
7	市场利率	10%	10%				
8							
9	债券价值计算						
10	距离债券到期时间（年）	0	1	2	3	4	5
11	X 债券的价值（元）						
12	Y 债券的价值（元）						

选择单元格区域 B10：G12，单击工具栏上的［插入］按钮，在［图表］中选取［折线图］，然后按照图标向导对话框提示的 4 个步骤依次操作，并对图表进行格式化，即可得到 X 和 Y 两种债券的价值与到期期限的关系如图 3-2 所示。

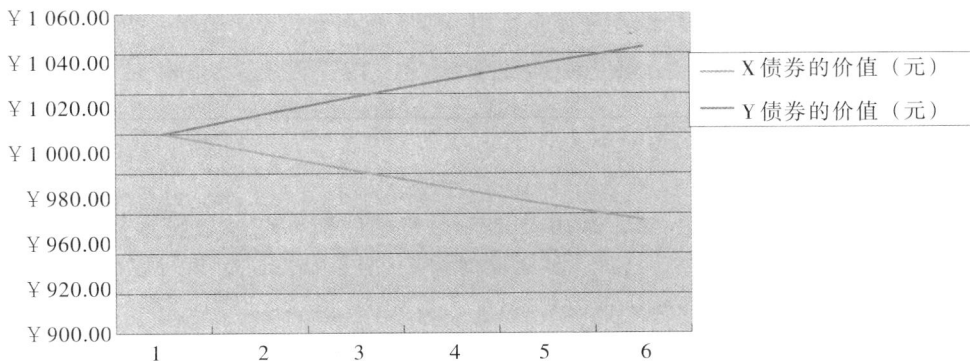

图 3-2 两种债券的价值与到期期限的关系图

（三）长期借款筹资分析

1.实验资料

某企业向银行借款 500 万元，年利率为 8%，期限为 6 年，借款筹资的手续费为 2 万元。所得税税率为 25%，现有两种还本付息方式：（1）方案 A，每年年末等额还本付息；（2）方案 B，前 2 年每年年末偿还本金 50 万元，并每年年末支付按每年年初借款余额计算的相应利息，其余的款项在后 4 年中每年年末等额还本付息。

问：企业应选择哪种还本付息方式？

分析提示：这个题目应该通过比较两个方案的税后成本代价现值来判断。

2.分析步骤

借款资料见表3-8。

表3-8　　　　　　　　　　　　　　借款资料　　　　　　　　金额单位：万元

	A	B	C	D	E	F	G	H	I
1	借款额	借款利率	期限	筹资费用					
2	500	8%	6	2					
3									
4									
5				各年还本付息					成本代价
6		年份	1	2	3	4	5	6	现值
7		还本							
8		付息							
9	方案A	利息抵税							
10		成本代价							
11		还本							
12		付息							
13	方案B	利息抵税							
14		成本代价							
15									
16	结论：								

（1）方案A的计算

选取单元格C7：H7，点击最上方的单元格函数输入区域，输入数组公式＝PPMT（B2，C6：H6，C2，－A2），然后同时按Ctrl+Shift+Enter，就可以得到单元格C7：H7区域内的数据。下面也是一样。

选取单元格C8：H8，输入数组公式："＝IPMT（B2，C6：H6，C2，－A2）"。

选取单元格C9：H9，输入数组公式："＝C8：H8*25%"。

选取单元格C10：H10，输入数组公式："＝C7：H7+C8：H8-C9：H9"。

在单元格I10中输入公式："＝NPV（B2，C10：H10）+D2"。

（2）方案B的计算

在单元格C11和D11中分别输入50

选取单元格E11：H11，输入数组公式："=PPMT（B2，E6：H6-2，H6-D6，－（A2-SUM（C11：D11）））"。

在单元格 C12 中输入公式："＝A2*B2"。

在单元格 D12 中输入公式："＝（A2－C11）*B2"。

选取单元格 E12：H12，输入数组公式："=IPMT（B2，E6：H6－2，H6－D6，－（A2－SUM（C11：D11）））"。

选取单元格 C13：H13，输入数组公式："＝C12：H12*25%"。

选取单元格 C14：H14，输入数组公式："＝C11：H11＋C12：H12－C13：H13"。

在单元格 I14 中输入公式："＝NPV（B2，C14：H14）＋D2"。

（3）在单元格 B16 中输入公式："=IF（I10<I14，"方案A"，"方案B"）"。

结果显示方案 B 成本更低，应选择方案 B。

（四）租赁筹资

1.实验资料

某公司 20×9 年 1 月 1 日从租赁公司租入一套设备，价值 200 万元，租期 6 年，租金每年年末支付一次。

①若预计租赁期满时的残值为 3 万元，残值归租赁公司所有，年利率为 8%，租赁手续费率为设备价值的 2%，按平均分摊法计算每期租金。

②若设备残值归承租公司，综合租费率确定为 10%，按等额年金法确定每年年末支付的租金。

2.分析步骤

在单元格 B6 中输入公式："＝（（B2－B3）＋（B2*（1＋B4）^D2－B2）＋B2*B5）/D2"。

在单元格 D6 中输入公式："=PMT（D4，D2，－B2）"。

年租金的计算见表 3-9。

表 3-9 年租金的计算

	A	B	C	D
1	年租金的计算			金额单位：万元
2	租赁资产价值	200	租赁期限	6
3	残值	3	每年支付租金时点	年末
4	年利率	8%	综合租费率	10%
5	手续费率	2%		
6	平均分摊法年租金	53.06	等额年金法年租金	45.92

这里的等额年金不仅考虑了设备款，还考虑了残值给企业带来的减值效应。

如果这里要求计算支付的现金是多少，应在单元格 D6 中输入公式："=PMT（D4，D2，－B2）"，结果为 45.92。

实训三　筹资数量预测

一、实验目的

通过实验，使学生能够理解筹资数量应该与企业经营和投资资金需要结合，根据需要筹集资金，并掌握筹资数量预测方法。

二、实验原理

1.回归分析法：回归分析法是假定资本需要量与营业业务量（如销售数量、销售收入）之间存在线性关系而建立的数学模型，然后根据历史有关资料，用回归直线方程确定参数预测资本需要额的方法。

$$Y = a + bX$$

2.营业收入比例法：营业收入比例法是根据营业业务量与资产负债表和利润表项目之间的比例关系，预测各项目资本需要额的方法。

三、实验内容

（一）筹资数量预测：回归分析法

1.实验资料

某企业20×4—20×8年的产销数量和资本需要额见表3-10。假定20×9年预计产销数量为7.8万件。

表3-10　　　　　　　　　　　　　**产销数量和资本需要额**

年度	产量（X）万件	资本需要总额（Y）万元
20×4	6	500
20×5	5.5	475
20×6	5	450
20×7	6.5	520
20×8	7	550

要求：试预测20×9年资本需要总额。

2.分析步骤

（1）创建工作表。

计算过程见表3-11。

表3-11 计算过程

	A	B	C
1	年度	产量（X）万件	资本需要总额（Y）万元
2	20×2	6	500
3	20×3	5.5	475
4	20×4	5	450
5	20×5	6.5	520
6	20×6	7	550
7	20×7	7.8	

（2）在表3-11的B2：C6单元格区域内输入原始数据。

（3）选中B2：C6单元格区域，点击"图表"—"散点图"，点击"确定"按钮，选中散点图中的任一点，点击右键，选择"添加趋势线"，选中趋势线，点击右键，选择"设置趋势线格式"，选择"显示公式（E）"。回归方程散点图如图3-3所示。

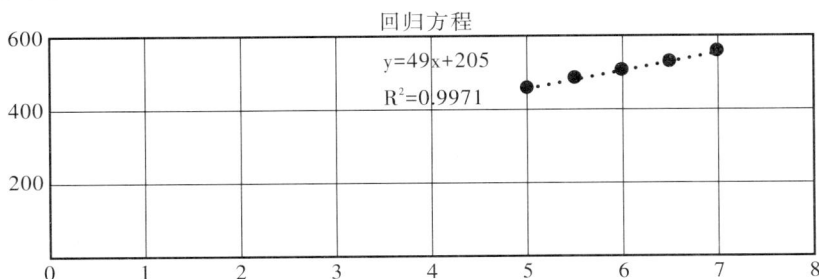

图3-3 回归方程散点图

（4）在C7单元格中输入"=49*B7+205"。

（二）筹资数量预测：营业收入比例法

1.实验资料

某企业20×8年的实际营业收入为15 000万元，20×9年预计销售收入为18 000万元，20×9年留存比例为50%。20×8年的利润表（简表）见表3-12。试编制该企业20×9年预计利润表和预计资产负债表（简表），并预测外部筹资额。

表 3-12 利润表（简表）

20×8年 金额单位：万元

项目	金额	占营业收入比例
营业收入	15 000	100.00%
营业成本	11 400	76.00%
销售费用	900	6.00%
管理费用	1 620	10.80%
财务费用	600	4.00%
营业利润	480	3.20%
营业外收入	50	0.33%
营业外支出	80	0.53%
利润总额	450	3.00%
所得税费用	112.50	0.75%
净利润	337.50	2.25%

2.分析步骤

资产负债表（简表）及其敏感项目占营业收入的比例见表 3-13。

表 3-13 资产负债表（简表）

20×8年12月31日 金额单位：万元

项目	金额	占营业收入比例
资产：		
货币资金	75	0.50%
应收票据及应收账款	2 400	16.00%
存货	2 610	17.40%
其他流动资产	10	
固定资产	285	
资产总计	5 380	33.90%
负债及股东权益：		
短期借款	500	
应付票据及应付账款	2 640	17.60%
其他流动负债	105	0.70%
非流动负债	55	
负债合计	3 300	18.30%
股本	1 250	
留存收益	830	
股东权益合计	2 080	
追加外部筹资额		
负债及股东权益总计	5 380	

（1）创建工作表（见表3-14）。

表3-14　　　　　　　　　　　　　**利润表及资产负债表**　　　　　　　　　　金额单位：万元

	A	B	C	D
1	20×8年实际利润表			20×9年预计利润表
2	项目	金额	占营业收入比例	项目
3	营业收入	15 000	100.00%	18 000
4	营业成本	11 400	76.00%	
5	销售费用	900	6.00%	
6	管理费用	1 620	10.80%	
7	财务费用	600	4.00%	
8	营业利润	480	3.20%	
9	营业外收入	50	0.33%	
10	营业外支出	80	0.53%	
11	利润总额	450	3.00%	
12	所得税费用	112.50	0.75%	
13	净利润	337.50	2.25%	
14	留存收益			
15	20×8年实际资产负债表			20×9年预计资产负债表
16	项目	金额	占营业收入比例	项目
17	资产：			
18	货币资金	75	0.50%	
19	应收票据及应收账款	2 400	16.00%	
20	存货	2 610	17.40%	
21	其他流动资产	10		10
22	固定资产	285		285
23	资产总计	5 380	33.90%	
24	负债及股东权益：			
25	短期借款	500		500
26	应付票据及应付账款	2 640	17.60%	
27	其他流动负债	105	0.70%	
28	非流动负债	55		55
29	负债合计	3 300	18.30%	
30	股本	1 250		1 250
31	留存收益	830		
32	股东权益合计	2 080		
33	追加外部筹资额			
34	负债及股东权益总计	5 380		

（2）在表3-14的B3：D34单元格相关区域内输入原始数据。

（3）相关公式或函数见表3-15，利用相应公式在表3-14中进行计算。

表3-15 **相关公式或函数**

单元格	公式或函数
D4	=C4*$D$3，拖动至D13
D14	=D13*50%
D18	=C18*$D$3，拖动至D20
D23	=SUM（D18：D22）
D26	=C26*$D$3，拖动至D27
D29	=SUM（D25：D28）
D31	=B31+D14
D32	=SUM（D30：D31）
D33	=D23−D29−D32
D34	=D29+D32+D33

实训四　资本结构决策

一、实验目的

通过实验，使学生能够计算个别资本成本、综合资本成本、财务杠杆系数和经营杠杆系数，能够作出资本结构决策。

二、实验原理

1.资本成本的计算

（1）长期债券资本成本。

$$K_b = \frac{I_b(1-T)}{B(1-F_b)}$$

（2）长期借款资本成本。

$$K_l = \frac{I(1-T)}{L(1-F)}$$

（3）普通股资本成本。

$$K_c = \frac{D}{P_c} \qquad K_c = \frac{D_1}{P_c} + G$$

（4）综合资本成本。

$$K_w = \sum_{i=1}^{n} W_i K_i$$

2.经营杠杆系数公式

$$DOL = \frac{S-C}{S-C-F}$$

3.财务杠杆系数公式

$$DFL = \frac{EBIT}{EBIT - I}$$

4.资本结构决策

（1）比较资本成本法：选择资本成本最低的筹资方式。

（2）每股收益分析法：通常计算每股收益无差别点，当息税前利润等于每股收益无差别点时两种筹资方式均可；当息税前利润大于每股收益无差别点时，选择发行债券或者长期借款筹资方式；当息税前利润小于每股收益无差别点，选择发行普通股筹资方式。

三、实验内容

（一）资本成本的计算

1.实验资料

某公司拟筹资4 000万元，其中按面值发行长期债券1 000万元，票面利率为10%，期限为4年，筹资费率为1%，每年年末付息一次，到期一次还本；长期借款600万元，3年期，年利率为11%；发行普通股2 000万元，筹资费率为4%，预计第一年股利率为12%，以后每年按照4%的增长率递增。此外，公司保留盈余400万元，所得税税率为25%。

要求：计算该公司的综合资本成本。

2.分析步骤

（1）创建工作表。

个别资本成本及综合资本成本见表3-16。

表3-16   **个别资本成本及综合资本成本**

	A	B	C	D	E
1	个别资本成本及综合资本成本				
2	筹资种类	长期债券	长期借款	普通股	留存收益
3	筹资金额（万元）	1 000	600	2 000	400
4	票面利率	10%	11%	—	—
5	期限	4	3	—	—
6	股利率	—	—	12%	12%
7	年增长率	—	—	4%	4%
8	筹资费率	1%	0	4%	—
9	所得税税率	25%	25%		
10	个别资本成本				
11	筹资总额（万元）		—	—	—
12	个别资本成本所占比重				
13	综合资本成本		—	—	—

（2）在表3-16的B3：E9单元格区域内输入原始数据。

（3）相关公式或函数见表3-17，利用相应公式在表3-16中进行计算。

表 3-17　　　　　　　　　　　　　相关公式或函数

单元格	公式或函数
B10	=B4*（1-B9）/（1-B8）
C10	=C4*（1-C9）/（1-C8）
D10	=D6/（1-D8）+D7
E10	=E6+E7
B11	=SUM（B3：E3）
B12：E12	=B3：E3/$B$11
B13	=B10*B12+C10*C12+D10*D12+E10*E12 或者=SUMPRODUCT（B10：E10，B12：E12）

（二）经营杠杆的系数

1.实验资料

某公司只生产和销售一种产品，单价为 500 元/件，单位变动成本为 300 元/件，该公司没有负债，每月销售额为 75 万元，税后净利润为 4.8 万元，公司的所得税税率为 25%，计算：公司每月的固定经营成本，每月的保本点销售量和销售额；在每月的销售量分别为 300 件、600 件、900 件、1 200 件、1 500 件、1 800 件、2 100 件、2 400 件时的经营杠杆系数。

2.分析步骤

创建工作表，并在相关区域填入原始数据，见表 3-18。

表 3-18　　　　　　　　　　　　　经营杠杆系数的计算

	A	B	C	D	E
1	已知条件			经营杠杆系数的计算	
2	单价（元/件）	500		月销售量（件）	经营杠杆系数
3	单位变动成本（元/件）	300		300	
4	月销售额（元）	750 000		600	
5	净利润（元）	48 000		900	
6	所得税税率	25%		1 200	
7	保本点计算			1 500	
8	月固定成本			1 800	
9	保本点销售量			2 100	
10	保本点销售额			2 400	

（1）在单元格 B8 中输入公式"=B4-（B4/B2）*B3-B5/（1-B6）"，得到月固定成本。

（2）在单元格 B9 中输入公式"=B8/（B2-B3）"，在单元格 B10 中输入公式"=B9*B2"。

（3）在单元格 E3 中输入公式"=D3*（\$B\$2-\$B\$3）/（D3*（\$B\$2-\$B\$3）-\$B\$8）"，并将其向下复制到单元格 E4：E10，得到经营杠杆系数。

（三）财务杠杆系数的计算

1.实验资料

某公司现有普通股 200 万股，资金总额为 500 万元，负债比率为 40%，负债利率为 8%，优先股年股息为 4 万元，当年息税前利润为 60 万元，所得税税率为 25%，计算：当年的普通股每股收益，当年的财务杠杆系数；预计下一年度息税前利润将增长 20%，则普通股每股收益的增长率是多少？预计的普通股每股收益增长多少？

2.分析步骤

财务杠杆系数的计算见表 3-19。

表 3-19　　　　　　　　　　　　财务杠杆系数的计算

	A	B	C	D
1	已知条件			
2	普通股股数	2 000 000	优先股年股息	40 000
3	资金总额	5 000 000	息税前利润	600 000
4	负债比率	40%	所得税税率	25%
5	负债利率	8%	预计息税前利润增长率	20%
6				
7		每股收益和财务杠杆系数的计算		
8	普通股每股收益		普通股每股收益增长率	
9	财务杠杆系数		普通股每股收益（增长）	

B8 输入"=（（D3-B3*B4*B5）*（1-D4）-D2）/B2"。

B9 输入"=D3/（D3-B3*B4*B5-D2/（1-D4））"。

D8 输入"=B9*D5"。

D9 输入"=B8*D8"。

财务管理实训

（四）比较资本成本法

1.实验资料

某企业初创时需要资金 1 000 万元，有 3 个备选筹资方案，有关资料见表 3-20，请选择最佳筹资方案。

表 3-20　　　　　　　　　　　　　　　**筹资方案比较**　　　　　　　　　金额单位：万元

	A	B	C	D	E	F	G	H	I	J
1	初始筹资决策									
2	筹资方案	方案 A			方案 B			方案 C		
3		筹资额	比例	资本成本	筹资额	比例	资本成本	筹资额	比例	资本成本
4	长期借款	200		6%	300		6.5%	400		7%
5	长期债券	200		7%	100		7%	0		0
6	优先股	200		15%	100		15%	200		15%
7	普通股	400		12%	500		12%	400		12%
8	合计									
9										
10	最佳方案									

2.分析步骤

分别计算方案 A、B、C 的筹资额所占比重，并据此计算综合资本成本，根据综合资本成本选择最佳筹资方案。

在单元格 D8 中输入"=SUMPRODUCT（C4：C7，D4：D7）"。

在单元格 G8 中输入"=SUMPRODUCT（F4：F7，G4：G7）"。

在单元格 J8 中输入"=SUMPRODUCT（I4：I7，J4：J7）"。

在单元格 B10 中输入"=IF（D8=MIN（D8，G8，J8），"方案 A"，IF（G8=MIN（D8，G8，J8，"方案 B"，"方案 C"））"。

（五）每股收益分析法

1.实验资料

某企业现有资本 800 万元，其中债务 200 万元，股东权益 600 万元，该公司准备实施一项投资计划，为此需要追加筹资 200 万元，现有 A、B 两个备选筹资方案，有关资料见表 3-21。公司适用的所得税税率为 25%，计算：若投资计划实施后预计的息税前利润分别为 40 万元、60 万元、80 万元、100 万元、120 万元、140 万元、160 万元、180 万元时，两个筹资方案的普通股每股收益各是多少？两个筹资方案的普通股每股收益无差别点是多少？根据第一问绘制普通股每股收益与息税前利润之间的关系图，并作出决策。

表 3-21 筹资方案比较 金额单位：元

	A	B	C	D	E	F	G	H	I
1	已知条件								
2	现有资本结构				追加筹资方案				
3	股东权益	6 000 000	普通股股数	600 000	方案 A				
4	债务	2 000 000	债务利率	8%	股票筹资额	2 000 000	新增股数	200 000	
5	现有资本	8 000 000			方案 B				
6	所得税税率	25%			债务筹资额	2 000 000	新增利率	10%	
7									
8									
9	计算过程								
10	预计息税前利润	400 000	600 000	800 000	1 000 000	1 200 000	1 400 000	1 600 000	1 800 000
11	方案 A 每股收益								
12	方案 B 每股收益								
13	最佳筹资方案								
14									
15	目标函数：方案 A-方案 B								
16	无差别点的息税前利润								
17	无差别点的每股收益								

2.实验步骤

分别计算 A、B 方案的每股收益。

在单元格 B13 中输入"＝IF（B11>B12，"方案 A"，"方案 B"）"然后向右复制到 I13。

在单元格 D15 中输入"＝（D16-B4*D4）*（1-B6）/（D3＋H4）－（D16-B4*D4-F6*H6）*（1-B6）/D3"。

然后选择"单变量求解"，在对话框中，目标单元格输入 D15，在目标值中输入"0"，在可变单元格中输入 D16，最后单击确定。

在单元格 D17 中输入"＝（D16-B4*D4）*（1-B6）/（D3＋H4）"。

每股收益与息税前利润分析图如图 3-4 所示。

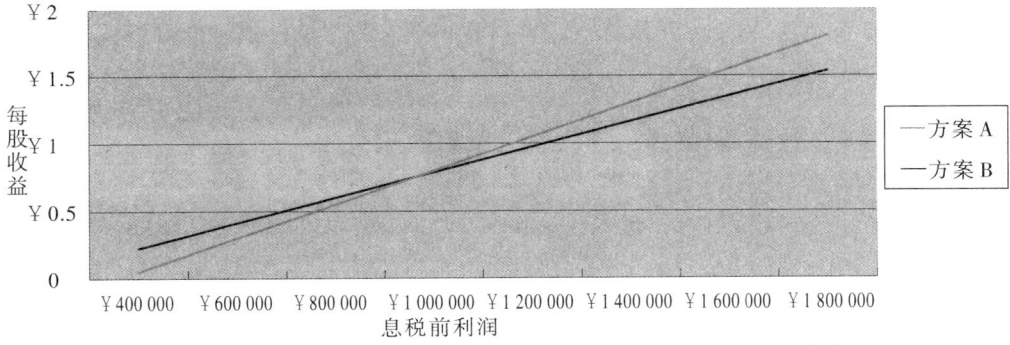

图 3-4 每股收益与息税前利润分析图

实训五　长期投资决策

一、实验目的

掌握各种折旧方法的特点，掌握投资决策指标的计算方法，能利用 EXCEL 函数 SLN、DB、DDB、SYD、NPV、IRR 等函数计算每期的折旧额及投资决策相关指标，并根据结果进行投资决策分析。

二、实验原理

1.固定资产折旧的计算

（1）直线折旧法

a.平均年限法

$$年折旧额 = \frac{固定资产原值 - 预计净残值}{预计使用年限}$$

b.工作量法

$$每单位工作量折旧额 = \frac{固定资产原值 - 预计净残值}{预计总工作量}$$

某期折旧额 = 该期实际工作量 × 每单位工作量折旧额

（2）加速折旧法

a.余额递减法

$$年固定折旧率 = 1 - \sqrt[n]{\frac{固定资产预计净残值}{固定资产原值}}$$

某年折旧额 = 该年年初固定资产净值 × 年固定折旧率

期初固定资产账面净值 = 固定资产原值 - 累计折旧

b.双倍余额递减法

年折旧额 = 期初固定资产账面净值 × 年折旧率

$$年折旧率 = \frac{2}{预计使用年限}$$

期初固定资产账面净值 = 固定资产原值 - 累计折旧

c.年数总和法

$$年折旧率 = \frac{(折旧年限 - 已使用年限) + 1}{折旧年限 \times (折旧年限 + 1) \div 2}$$

年折旧额 = (固定资产原值 - 残值) × 年折旧率

2.现金流量的计算

营业现金流量 = 年营业收入 - 年付现成本 - 所得税 = 税后净利润 + 折旧

3.投资决策指标的计算

（1）投资回收期（PP）

a.每年现金流量相等

$$投资回收期 = \frac{原始投资额}{每年现金流量}$$

b.每年现金流量不等

$$投资回收期 = (累计现金流量开始出现正值的年份 - 1) + \frac{上年尚未回收的投资额}{该年净现金流量}$$

（2）平均投资报酬率（ARR）

$$平均报酬率 = \frac{平均现金流量}{初始投资额} \times 100\%$$

（3）净现值（NPV）

$$NPV = \sum_{t=1}^{n} \frac{NCF_t}{(1+K)^t} - C$$

（4）内部报酬率（IRR）

$$\sum_{t=1}^{n} \frac{NCF_t}{(1+IRR)^t} - C = 0$$

（5）获利指数（PI）

$$PI = \left[\sum_{t=1}^{n} \frac{NCF_t}{(1+K)^t} \right] / C = 1 + \frac{NPV}{C}$$

（6）最小公倍寿命法

最小公倍寿命法是使投资项目的寿命周期相等的方法，也就是要求初两个项目使用年限的最小公倍数。

（7）年均净现值（ANPV）

$$ANPV = \frac{NPV}{PVIFA_{k,n}}$$

三、实验内容

1.直线折旧法

（1）实验资料

某企业购置了一台设备，价格为10万元，预计使用5年，预计净残值率为5%。

a.按平均年限法计提折旧时，每年的折旧额是多少？

b.如果该设备在预计使用年限内可以运转12 000机器工时，1~5年预计使用的机器工时分别为4 000工时、2 000工时、2 500工时、2 500工时、1 000工时，则每年的折旧额是多少？

（2）分析步骤

折旧额的计算见表3-22。

表3-22　　　　　　　　　　　　　**折旧额计算表**　　　　　　　　　　金额单位：元

	A	B	C	D	E	F
1	已知条件					
2	原值	100 000				
3	使用年限	5				
4	净残值率	5%	总工作量	12 000		
5	平均年限法					
6	年份	1	2	3	4	5
7	折旧额					
8	工作量法					
9	工作量	4 000	2 000	2 500	2 500	1 000
10	折旧额					

计算过程如下：

在单元格 B7 中输入"=SLN（B2，B2*B4，B3）"，然后向右复制内容到 F7，即得到平均年限法下计算的各年折旧额。

在单元格 B10：F10 中输入"=SLN（B2，B2*B4，D4）*（B9：F9）"，按下 CTRL+SHIFT，然后按 ENTER，即得到工作量法下计算的各年折旧额。

2.加速折旧法

（1）余额递减法

①实验资料

某设备原值 100 万元，预计使用 8 年，预计净残值率为 4%，要求按余额递减法计算每年的折旧额。

②分析步骤

原始数据输入至表3-23。

表3-23　　　　　　　　　　　　　　**固定资产净值**　　　　　　　　　　金额单位：万元

	A	B	C	D	E	F	G	H	I
1	已知条件								
2	原值	100							
3	使用年限	8							
4	净残值率	4%							
5	余额递减法								
6	年份	1	2	3	4	5	6	7	8
7	折旧额								
8	结果验算								
9	折旧率								
10	折旧额								
11	固定资产净值								

在单元格 B7：I7 中输入 "=DB（B2，B2*B4，B3，B6：I6）"，按下 CTRL+ SHIFT，然后按 ENTER，即得到余额递减法下计算的各年折旧额。

（2）双倍余额递减法

①实验资料

某设备的有关资料见表 3-24，利用 DDB 函数计算折旧额（我国规定企业采用双倍余额递减法计提固定资产折旧时，应该在固定资产折旧年限到期以前两年内，改用直线法将扣除残值后的固定资产净值平均摊销）。已知设备原值为 1 000 000 元，残值为 40 000 元，折旧年限为 8 年。

表 3-24　　　　　　　　　　　　固定资产净值　　　　　　　　　金额单位：元

	A	B	C	D	E	F	G	H	I
1	已知条件								
2	原值	1 000 000							
3	使用年限	8							
4	净残值	40 000							
5	双倍余额递减法								
6	年份	1	2	3	4	5	6	7	8
7	折旧额								
8	结果验算								
9	折旧率								
10	折旧额								
11	固定资产净值								

②分析步骤

在单元格 B7：G7 中输入 "=DDB（B2，B4，B3，B6：G6）"，按下 CTRL+ SHIFT，然后按 ENTER，即得到双倍余额递减法下计算的固定资产折旧年限到期前两年的各年折旧额。

在单元格 H7 和 I7 中输入 "=（B2-B4-SUM（B7：G7））/2"。

（3）年数总和法

①实验资料

已知某企业设备原值 80 万元，预计使用 5 年，预计净残值为 1.6 万元，请按年数总和法计提折旧。

②分析步骤

原始资料填入表 3-25。

表 3-25   折旧额计算表   金额单位：元

	A	B	C	D	E	F
1	已知条件					
2	原值	800 000				
3	使用年限	5				
4	净残值	16 000				
5	年数总和法					
6	年份	1	2	3	4	5
7	折旧额					
8	结果验算					
9	折旧率					
10	折旧额					

在单元格 B7：F7 中输入"=SYD（B2，B4，B3，B6：F6）"，按下 CTRL+ SHIFT，然后按 ENTER，即得到年数总和法下计算的各年折旧额。

3.现金流量的计算

（1）实验资料

某投资项目需要一次性固定资产投资 200 万元，建设期为 1 年，发生资本化利息 20 万元。该固定资产可使用 8 年，按平均年限法计提折旧，期满有净残值 20 万元。该项目需要在第 1 年年末垫支流动资金 30 万元，并于项目终结时收回。项目投产后，第 2～5 年每年产品销售收入 110 万元，每年付现经营成本为 55 万元；第 6～9 年每年产品销售收入 100 万元，同时每年付现经营成本为 60 万元。该企业的所得税税率为 25%，要求计算各年的净现金流量（以全部资金为基础）。

（2）分析步骤

项目净现金流量计算见表 3-26。

计算步骤：

在 D13 单元格中输入"=SLN（B2+B3，B5，F6）"，向右复制到 K13，得到每年的折旧额。

在 D14 单元格中输入"=（D11-D12-D13）*（1-I2）"，向右复制到 K14，得到每年的净利润。

在 D15 单元格中输入"=D13+D14"，向右复制到 K15，得到每年的 NCF。

在 B17 单元格中输入"=B10+B15+B16"，向右复制到 K17，得到每年的净现金流量。

表 3-26 **项目净现金流量计算** 金额单位：万元

	A	B	C	D	E	F	G	H	I	J	K
1	已知条件										
2	固定资产投资	200	前4年收入			110	所得税税率		25%		
3	资本化利息	20	前4年付现成本			55					
4	流动资产投资	30	后4年收入			100					
5	固定资产残值	20	后4年付现成本			60					
6	项目的建设期	1	项目的经营期			8					
7											
8	项目净现金流量计算										
9	年限	0	1	2	3	4	5	6	7	8	9
10	初始现金流量	−200	−30								
11	收入			110	110	110	110	100	100	100	100
12	付现成本			55	55	55	55	60	60	60	60
13	折旧										
14	净利润										
15	NCF										
16	终结点现金流量										50
17	净现金流量										

4.长期投资决策的基本方法

（1）实验资料

某企业现有三个投资机会，项目投资决策计算分析表见表 3-27。

要求：

①计算三个方案的投资回收期和平均投资报酬率。

②如果该企业采用 10% 作为三个投资方案的贴现率，计算三个方案的净现值、内部报酬率和获利指数。

③如果三个方案为互斥方案，请作出投资决策；如果三个方案为独立方案，请作出投资决策顺序。

表 3-27 项目投资决策计算分析表 金额单位：元

	A	B	C	D	E	F	G
1	项目投资决策计算分析表						
2	年份	A 方案		B 方案		C 方案	
3		净收益	净现金流量	净收益	净现金流量	净收益	净现金流量
4	0	0	−400 000	0	−600 000	0	−800 000
5	1	40 000	120 000	45 000	150 000	55 000	230 000
6	2	40 000	120 000	45 000	150 000	70 000	240 000
7	3	40 000	120 000	50 000	150 000	75 000	250 000
8	4	40 000	120 000	55 000	160 000	65 000	190 000
9	5	40 000	120 000	55 000	220 000	75 000	230 000
10	合计						
11	贴现率	10%					
12	投资回收期						
13	平均投资报酬率						
14	净现值						
15	内部报酬率						
16	获利指数						

（2）分析步骤

①创建工作表格，见表 3-27。

②在表 3-27 中的单元格区域内输入原始数据。

③插入的函数见表 3-28。

表 3-28 插入的函数

单元格	函数	单元格	函数
B10	=SUM（B4：B9）	D13	=（E10−E4）/A9/ABS（E4）
C10	=SUM（C4：C9）	F13	=（G10−G4）/A9/ABS（G4）
D10	=SUM（D4：D9）	B14	=NPV（B11，C5：C9）+C4
E10	=SUM（E4：E9）	D14	=NPV（B11，E5：E9）+E4
F10	=SUM（F4：F9）	F14	=NPV（B11，G5：G9）+G4
G10	=SUM（G4：G9）	B15	=IRR（C4：C9）
B12	=ABS（C4）/C5	D15	=IRR（E4：E9）
D12	单独对B方案求回收期	F15	=IRR（G4：G9）
F12	单独对C方案求回收期	B16	=（B14+ABS（C4））/ABS（C4）
B13	=（C10−C4）/A9/ABS（C4）	D16	=（D14+ABS（E4））/ABS（E4）
		F16	=（F14+ABS（G4））/ABS（G4）

财务管理实训

④实验现象与结果及对实验现象、实验结果的分析。

实验现象与结果及对实验现象、实验结果的分析见表3-29。

表3-29　　　　　　实验现象与结果及对实验现象、实验结果的分析　　　　金额单位：元

	A	B	C	D	E	F	G
1	项目投资决策计算分析表						
2	年份	A方案		B方案		C方案	
3		净收益	净现金流量	净收益	净现金流量	净收益	净现金流量
4	0	0	–400 000	0	–600 000	0	–800 000
5	1	40 000	120 000	45 000	150 000	55 000	230 000
6	2	40 000	120 000	45 000	150 000	70 000	240 000
7	3	40 000	120 000	50 000	150 000	75 000	250 000
8	4	40 000	120 000	55 000	160 000	65 000	190 000
9	5	40 000	120 000	55 000	220 000	75 000	230 000
10	合计						
11	贴现率	10%					
12	投资回收期						
13	平均报酬率						
14	净现值						
15	内部报酬率						
16	获利指数						

结果分析：如果三个方案为互斥的方案，在作出有关投资决策时，应选择净现值最大的方案为最优方案，由于67 851.18>54 894.41>34 314.60，因此应该选择方案C。如果三个方案为相互独立的方案，应该按照内部报酬率由大到小的顺序排列三个方案的优先次序，由于15.24%>13.32%>11.16%，因此应该按照A、C、B的顺序优先安排投资。

5.长期投资决策的特殊方法

（1）实验资料

某企业现有M、N两个互斥方案，有关资料见表3-30，试选择最优方案。

表 3-30　　　　　　　　　　方案比较　　　　　　　　金额单位：元

	A	B	C
1	已知条件		
2	项目	方案 M	方案 N
3	初始投资	40 000	60 000
4	年净现金流量	18 000	17 000
5	寿命期	3	5
6	贴现率	10%	10%
7			
8	计算过程		
9	项目	方案 M	方案 N
10	年均净现值法：		
11	一个寿命期的净现值		
12	年金现值系数		
13	年均净现值		
14	年均净现值法最优方案		
15	最小公倍寿命法：		
16	寿命期最小公倍数（年）		
17	寿命期重复次数		
18	最小公倍寿命法下的净现值		
19	最小公倍寿命法下的最优方案		

（2）分析步骤

①在单元格 B11 中输入公式 "=PV（B6，B5，-B4，0）-B3"，向右复制到 C11。

②在单元格 B12 中输入公式 "=PV（B6，B5，-1，0）"，向右复制到 C12。

③在单元格 B13 中输入公式 "=B11/B12"，向右复制到 C13。

④在单元格 B14 中输入公式 "=IF（B13>C13，"方案 M"，"方案 N"）"。

⑤在单元格 B16 和 C16 中输入 "15"。

⑥在单元格 B17 中输入 "5"，在单元格 C17 中输入 "3"。

⑦在单元格 B18 中输入公式 "=PV（B6，B16，-B13）" 或者 "=PV（B6，B16，-B11/PV（B6，B5，-1，0））"，向右复制到 C18。

⑧在单元格 B19 中输入公式 "=IF（B18>C18"方案 M"，"方案 N"）"。

同理可得 N 方案。

6.其他类型的长期投资决策——固定资产更新决策

（1）实验资料

某企业 3 年前购入一台机床，原价 6 万元，预计使用 10 年，预计残值为 0.5 万元。目前，市场上有一种性能更好的同类型机床，价值 9 万元，预计可使用 7 年，残值预计为 0.8 万元。经测算，新型机床投入使用后每年可增加销售收入 1.5 万元（原销售收入为 9 万元），降低付现经营成本 0.2 万元（原付现经营成本为 5 万元）。购入新型机床时，旧机床可以作价 4.35 万元出售。企业的资本成本为 14%，问企业是否应该对机床进行更新？

实验资料见表 3-31。

表 3-31　　　　　　　　　　　　　　实验资料　　　　　　　　　　　金额单位：元

	A	B	C	D
1	已知条件			
2	方案	旧机床	新机床	
3	原值	60 000	90 000	
4	已使用年限（年）	3	0	
5	预计使用年限（年）	10	7	
6	年销售收入	90 000	105 000	
7	年付现经营成本	50 000	48 000	
8	目前变现价值	43 500	90 000	
9	残值	5 000	8 000	
10	资本成本	14%	14%	
11	所得税税率	25%	25%	
12	折旧方法	平均年限法	平均年限法	
13				
14	决策分析			
15	方案	旧机床	新机床	差量
16	初始净现金流量			
17	经营净现金流量			
18	终结点现金流量			
19	净现值			
20	结论			

（2）分析步骤

①在单元格 B16 中输入 "＝-B8"，然后向右复制到 C16。（这里表示继续使用旧机床的机会成本，不能用旧机床的净值来计算）

②在单元格 B17 中输入 "=（B6-B7-SLN（B3，B9，B5））*（1-B11）+SLN（B3，B9，B5）"，然后向右复制到 C17。

③在单元格 B18 中输入 "=B17+B9"，然后向右复制到 C18。

④在单元格 B19 中输入 "=PV（B10，B5-B4，-B17）+B16+PV（C10，7，-B18）"，然后向右复制到 C19。或者在单元格 B19 中输入 "=PV（B10，B5-B4，-B17，-B9）+B16"。

⑤在单元格 D16 中输入 "=C16-B16"，然后向下复制到 D19。

⑥在单元格 D20 中输入 "=IF（D19>0，"进行更新"，"继续使用旧机床"）"。

实训六　营运资金管理

一、实验目的

通过本实验使学生了解现金管理的内容和意义，能够使用EXCEL软件进行现金管理、应收账款管理和存货管理等工作相关数据的计算和表格的编制。

二、实验原理

1. 现金管理

（1）成本分析模式

相关总成本 = 机会成本 + 短缺成本

机会成本 = 现金持有量 × 有价证券利率

（2）存货模式

$$N = \sqrt{\dfrac{2Tb}{i}} \qquad TC = \sqrt{2Tbi}$$

2. 应收账款管理

$$应收账款机会成本 = \dfrac{赊销额}{360} × 平均收款期 × 变动成本率 × 机会成本率$$

坏账损失 = 赊销额 × 坏账损失率

3. 存货管理

$$Q = \sqrt{\dfrac{2AF}{C}} \qquad T = \sqrt{2AFC}$$

三、实验内容

（一）现金管理

1. 成本分析模式

（1）实验资料

某企业现有4种现金持有方案，经预测，各方案的有关成本资料见表3-32，试确定企业的最佳现金余额。

最佳现金余额测算表见表3-32。

表 3-32　　　　　　　　　　　　　**最佳现金余额测算表**　　　　　　　　　金额单位：元

	A	B	C	D	E
1	最佳现金余额测算表				
2					
3	方案	方案 A	方案 B	方案 C	方案 D
4	现金余额	20 000	40 000	60 000	100 000
5	机会成本率	15%	15%	15%	15%
6	短缺成本	11 000	7 000	3 000	0
7	测算表				
8	方案	方案 A	方案 B	方案 C	方案 D
9	机会成本				
10	短缺成本				
11	总成本				
12					
13	结论：				

（2）分析步骤

①选取单元格区域 B9：E9，输入数组公式 "=B4：E4*B5：E5"，计算持有现金的机会成本。

②选取单元格区域 B10：E10，输入数组公式 "=B6：E6"，得到持有现金的短缺成本。

③选取单元格区域 B11：E11，输入数组公式 "=B9：E9+B10：E10"，得到持有现金的总成本。

④在单元格 B13 中输入公式 "=INDEX（B8：E8，MATCH（MIN（B11：E11），B11：E11，0））" 得到决策结论，即选取方案 C。

分析：= MIN（B11：E11）得出结果 12 000，= MATCH（MIN（B11：E11），B11：E11，0）得出结果是第 3 个数，= INDEX（B8：E8，MATCH（MIN（B11：E11），B11：E11，0））得出第 3 个数对应的 B8：E8 行为方案 C。

最佳现金余额测算表结果见表 3-33。

财务管理实训

表 3-33 　　　　　　　　　　　最佳现金余额测算表 　　　　　　　　　金额单位：元

	A	B	C	D	E
1	最佳现金余额测算表				
2					
3	方案	方案A	方案B	方案C	方案D
4	现金余额	20 000	40 000	60 000	100 000
5	机会成本率	15%	15%	15%	15%
6	短缺成本	11 000	7 000	3 000	0
7	测算表				
8	方案	方案A	方案B	方案C	方案D
9	机会成本	3 000	6 000	9 000	15 000
10	短缺成本	11 000	7 000	3 000	0
11	总成本	14 000	13 000	12 000	15 000
12					
13	结论：	方案C			

2.存货模式

（1）实验资料

某企业预计20×9年全年的现金需求量为30万元，现金与有价证券的转换成本为每次600元，有价证券的年利率为10%。原始资料输入表3-34。每年按360天计算。试确定最佳现金持有量。

表 3-34 　　　　　　　　　　　最佳现金持有量的计算 　　　　　　　　　金额单位：元

	A	B
1	最佳现金持有量的计算	
2	已知数据	
3	全年现金需求量	300 000
4	有价证券转换成本（元/次）	600
5	有价证券年利率	10%
6	计算结果	
7	最佳现金持有量	
8	持有现金的最低相关总成本	
9	有价证券交易次数	
10	有价证券交易间隔期（天）	

（2）分析步骤

在单元格 B7 中输入公式 "=SQRT（2*B3*B4/B5）"，得到最佳现金持有量；

在单元格 B8 中输入公式 "=SQRT（2*B3*B4*B5）"，得到持有现金的最低相关总成本；

在单元格 B9 中输入公式 "=B3/B7"，得到全年最佳的有价证券交易次数；

在单元格 B10 中输入公式 "=360/B9"，得到全年最佳的有价证券交易间隔期。

计算结果见表 3-35：

表 3-35　　　　　　　　　　　**最佳现金持有量的计算**　　　　　　　　金额单位：元

	A	B
1	最佳现金持有量的计算	
2	已知数据	
3	全年现金需求量	300 000
4	有价证券转换成本（元/次）	600
5	有价证券年利率	10%
6	计算结果	
7	最佳现金持有量	60 000
8	持有现金的最低相关总成本	6 000
9	有价证券交易次数	5
10	有价证券交易间隔期（天）	72

3.应收账款信用政策的制定

（1）实验资料

某企业目前的信用标准是向预计坏账损失率不高于 5% 的客户提供赊销，年赊销额为 800 000 元。该企业正在考虑改变信用标准，提出了甲、乙两个方案，有关资料见表 3-36。请选择最优方案。

（2）分析步骤

①在单元格 B21 种输入公式 "=B14*$B$4"，计算信用标准变化对销售利润的影响。

②在单元格 B22 种输入公式 "=（B14/$B$11）*B15*$B$9*$B$10"，计算信用标准变化对机会成本的影响。

③在单元格 B23 种输入公式 "=B14*B16"，计算信用标准变化对坏账成本的影响。

表 3-36　　　　　　　　　　　　　　**项目方案资料**　　　　　　　　　　　金额单位：元

	A	B	C
1	已知条件		
2	项目	数据	
3	年赊销收入	800 000	
4	销售利润率	15%	
5	信用标准（预计的坏账损失率）	5%	
6	平均实际发生坏账损失率	4.50%	
7	信用期限（天）	30	
8	平均收款期（天）	50	
9	变动成本率	70%	
10	应收账款的机会成本率	10%	
11	一年的计算天数（天）	360	
12	项目	甲方案	乙方案
13	信用标准（预计的坏账损失率）	2%	8%
14	年赊销额增加	−20 000	55 000
15	增加销售额的平均收款期（天）	45	60
16	增加销售额的平均坏账损失率	3.20%	4.80%
17	增加销售额引起的管理费用的增加	−4 000	1 800
18			
19	计算过程		
20	信用标准变化影响的项目	甲方案	乙方案
21	对销售利润的影响		
22	对机会成本的影响		
23	对坏账成本的影响		
24	对管理费用的影响		
25	对净收益的综合影响		
26	结论：		

④在单元格 B24 种输入公式"=B17",计算信用标准变化对管理费用的影响。

⑤在单元格 B25 种输入公式"=B21-B22-B23-B24",计算信用标准变化对净收益的影响。

⑥选择单元格区域 B21:B25,采用填充复制的方法将其复制到单元格区域 C21:C25,得到乙方案的有关数据。

⑦在单元格 B26 中输入公式"=IF(C25〉B25,"乙方案","甲方案")",得到决策结论,应该选择乙方案。

计算结果见表 3-37。

表 3-37　　　　　　　　　　计算结果　　　　　　　　金额单位:元

	A	B	C
1	已知条件		
2	项目	数据	
3	年赊销收入	800 000	
4	销售利润率	15%	
5	信用标准（预计的坏账损失率）	5%	
6	平均实际发生坏账损失率	4.50%	
7	信用期限（天）	30	
8	平均收款期（天）	50	
9	变动成本率	70%	
10	应收账款的机会成本率	10%	
11	一年的计算天数（天）	360	
12	项目	甲方案	已方案
13	信用标准（预计的坏账损失率）	2%	8%
14	年赊销额增加	−20 000	55 000
15	增加销售额的平均收款期（天）	45	60
16	增加销售额的平均坏账损失率	3.20%	4.80%
17	增加销售额引起的管理费用的增加	−4 000	1 800
18			
19	计算过程		
20	信用标准变化影响的项目	甲方案	乙方案
21	对销售利润的影响	−3 000.00	8 250.00
22	对机会成本的影响	−175.00	641.67
23	对坏账成本的影响	−640.00	2 640.00
24	对管理费用的影响	−4 000.00	1 800.00
25	对净收益的综合的影响	1 815.00	3 168.33
26	结论:	乙方案	

4.存货管理

（1）实验资料

某企业全年需要甲材料10 800千克，每次订货成本为200元，每千克材料的年储存成本为3元，要求计算：

①当一次订货批量分别为300千克、600千克、900千克、1 200千克、1 500千克、1 800千克、2100千克时，年订货成本、储存成本和总成本各是多少？

②根据上面的计算结果绘制一次订货量和年成本之间的关系曲线图。

③按基本的经济订货批量模型计算经济订货批量、年最优订货次数和年最低总成本。

（2）分析步骤

计算步骤见表3-38。

表3-38　　　　　　　　　　　　　　　　　计算结果

	A	B	C	D	E	F	G	H
1	已知条件							
2	甲材料全年需要量（千克）	10 800						
3	一次订货成本（元）	200						
4	单位存货年储存成本（元）	3						
5								
6	计算过程							
7	一次订货量（千克）	300	600	900	1 200	1 500	1 800	2 100
8	年订货成本（元）	7 200	3 600	2 400	1 800	1 440	1 200	1 029
9	年储存成本（元）	450	900	1 350	1 800	2 250	2 700	3 150
10	年总成本（元）	7 650	4 500	3 750	3 600	3 690	3 900	4 179
11	结论							
12	经济订货批量（件）	1 200						
13	年最优订货次数（次）	9						
14	年最低总成本（元）	3 600						

①在单元格B8中输入公式"=$B$2/B7*$B$3"，向右拖动复制到H8。

在单元格B9中输入公式"=$B$4*B7/2"，向右拖动复制到H9。

在单元格B10中输入公式"=B8+B9"，向右拖动复制到H10。

②绘制一次订货量与年总成本的关系图（如图3-5所示）。

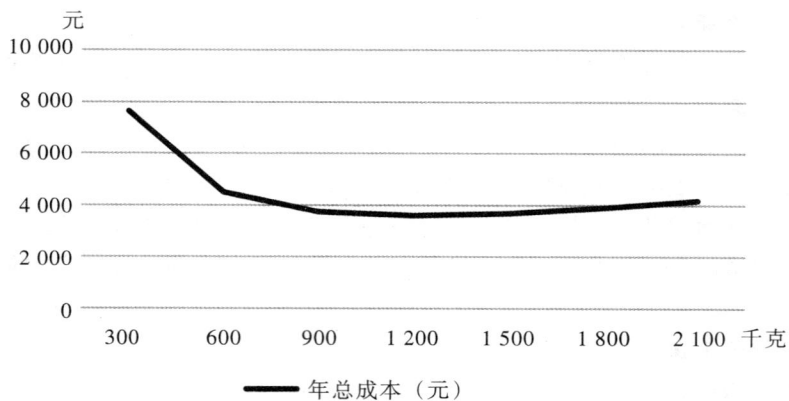

图3-5　一次订货量与年总成本的关系

③在单元格B12中输入公式"=SQRT（2*B2*B3/B4）"。

在单元格B13中输入公式"=B2/B12"。

在单元格B14中输入公式"=SQRT（2*B2*B3*B4）"。

第四部分　教材章后习题参考答案

第一章　章后习题参考答案

一、单项选择题

1.C　2.C　3.D　4.C　5.C　6.A　7.C　8.C

二、多项选择题

1.ABD　2.AD　3.ABCD　4.BC　5.BCD　6.ABCD　7.ABCDE　8.ABC
9.ABD　10.BCD

三、判断题

1.×　2.×　3.×　4.×　5.√　6.√　7.×　8.×　9.√　10.√

四、简答题

1.简述企业的财务活动。

答：（1）企业的财务活动是以现金收支为主的企业资金收支活动的总称。

（2）企业活动的四个方面：筹资引起的财务活动、投资引起的财务活动、经营引起的财务活动、分配引起的财务活动。

（3）上述财务活动的四个方面，不是相互割裂、互不相干的，而是相互联系、相互依存的。正是上述互相联系而又有一定区别的四个方面，构成了完整的企业财务活动，这四个方面也正是财务管理的基本内容：企业筹资管理、企业投资管理、营运资金管理、利润及分配的管理。

2.简述企业的财务关系。

答：（1）企业的财务关系是指企业在组织财务活动过程中与各有关方面发生的经济关系。

（2）财务关系的几个方面：企业同其所有者之间的财务关系、企业同其债权人之间的财务关系、企业同其被投资者之间的财务关系、企业同其债务人之间的财务关系、企业内部各单位之间的财务关系、企业同职工之间的财务关系、企业同税务机关之间的财务关系。

3.简述以利润最大化作为企业财务管理目标的合理性及局限性。

答：以利润最大化作为企业财务管理目标的合理性：

利润最大化是西方微观经济学的理论基础，西方经济学家以往都以利润最大化这一标准来分析和评价企业的行为和业绩。利润代表企业创造的财富，从会计的角度看，利润是股东价值的来源，也是企业财富增长的源泉。

以利润最大化作为企业财务管理目标的局限性：

利润最大化目标没有考虑时间价值问题、风险问题、利润与投入资本的关系。利润最大化是基于历史的角度，不能反映企业未来的盈利能力，会使企业的决策具有短期行为倾向。会计处理方法的多样性和灵活性可能导致利润并不能反映企业的真实情况。

4.股东财富最大化作为企业财务管理目标的优点。

答：（1）股东财富最大化目标考虑了风险因素，因为风险的高低，会对股票价格产生重要影响。

（2）股东财富最大化在一定程度上能够克服企业在追求利润上的短期行为，因为不仅目前的利润会影响股票价格，而且预期的利润对企业股票价格也会产生重要影响。

（3）股东财富最大化目标比较容易量化，便于考核和奖惩。

五、案例分析

1.公司内部组织结构图如图4-1所示。

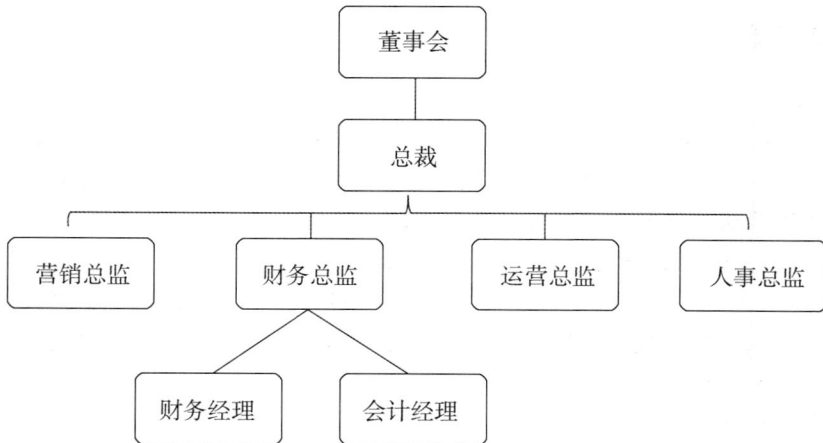

图4-1　公司内部组织结构图

2.公司财务管理的目标是社会价值最大化。在此实现公司财务管理目标过程中会遇到代理问题，具体包括股东与经营者之间的利益冲突、股东与债权人之间的利益冲突、大股东与小股东之间的利益冲突。解决股东与经营者之间的利益冲突的措施有监督和激励，监督措施有接收和解聘，激励措施有绩效股和股票期权。解决股东与债权人之间的利益冲突的措施有在债务协议中设定限制性条款，拒绝进一步往来，采用补偿性余额信用借款等。解决大股东与小股东之间的利益冲突的措施有完善上市公司治理结构和规范上市公司信息披露制度等。

3.企业的财务活动有筹资活动、投资活动、运营活动以及分配活动。筹资活动中要注意筹资方式的选择和资本结构的确定。投资活动重点关注项目事前的可行性评价。运营活动主要解决流动资产管理和短期负债管理。分配活动主要解决利润分配和股利分配的政策和形式。

4.金融市场为公司筹资和投资提供场所；公司可以通过金融市场实现长短期资金的相互转化；金融市场为公司理财提供相关信息。金融机构主要有商业银行、投资银行、证券公司、保险公司和各类基金管理公司。

5.市场利率是由纯利率、通货膨胀补偿率以及风险报酬率三部分构成，其中风险报酬率包括违约风险报酬率、流动性风险报酬率以及期限风险报酬率。纯利率，即无通货膨胀、无风险情况下的平均利率，影响纯利率的基本因素是资金的供给量和需求量；通货膨胀补偿率，即为了弥补通货膨胀造成货币实际购买力下降的损失而要求提高的利率；违约风险报酬率，即为了弥补因债务人无法按时还本付息而带来的风险，由债权人要求提高的利率；流动性风险报酬率，即为了弥补因债务人的资产流动性不好而带来的风险，由债权人要求提高的利率；期限风险报酬率，即为了弥补因偿债期而带来的风险，由债权人要求提高的利率。

第二章　章后习题参考答案

一、单项选择题

1.B　2.B　3.D　4.B　5.C　6.D　7.D　8.D　9.B　10.C　11.C　12.C

二、多项选择题

1.ABD　2.BCD　3.AC　4.AC　5.BC　6.AC　7.A　8.AC　9.ABCD　10.BC　11.BC
12.AC　13.BCD　14.BD

三、计算题

1.解：$FV = 2\,500 \times 1\,000 \times (1 + 6.5\% \times 5) = 3\,312\,500\,(元)$

2.解：$FVA = A \times FVIFA_{5\%,6} = 20 \times 6.8019 = 136.04\,(万元)$

$PVA = A \times PVIFA_{5\%,6} \times PVIF_{5\%,3} = 20 \times 5.0757 \times 0.8638 = 87.69\,(万元)$

3.解：$FVA = A \times FVIFA_{5\%,3} \times (1 + 5\%) = 10 \times 3.1525 \times 1.05 = 33.10\,(万元)$

$PVA = A \times PVIFA_{5\%,3} \times (1 + 5\%) = 10 \times 2.7232 \times 1.05 = 28.59\,(万元)$

4.解：$A = \dfrac{100\,000}{FVIFA_{8\%,5}} = \dfrac{100\,000}{5.8666} = 17\,045.65\,(元)$

现在每年年末应存入银行 17 045.65 元，才能到期用本利和偿清借款。

5.解：$PVA = 5\,000 \times PVIFA_{8\%,3} = 5\,000 \times 2.5771 = 12\,885.50\,(元)$

现在应存入银行 12 885.50 元。

6.解：$PVA_1 = A \times PVIFA_{10\%,10} \times (1 + 10\%) = 20 \times 6.1446 \times 1.1 = 135.18\,(万元)$

$PVA_2 = A \times PVIFA_{10\%,10} \times PVIF_{10\%,3} = 25 \times 6.1446 \times 0.7513 = 115.41\,(万元)$

因为第二种方案的现值比第一种方案的现值小，应选择第二种方案。

7.解：$PVA = A \times PVIFA_{5\%,20} = 50\,000 \times 12.4622 = 623\,110\,(元) > 500\,000\,(元)$

应该选择一次性支付。

8.解：$PV = 30\,000 \times PVIFA_{10\%,8} \times PVIF_{10\%,4}$

$= 30\,000 \times 5.3349 \times 0.6830$

$= 109\,312.10\,(元)$

该企业现在应存入的款项是 109 312.10 元。

9.解：$PV_甲 = 10\,万元$

$PV_乙 = 3 + 4 \times PVIF_{10\%,1} + 4 \times PVIF_{10\%,2} = 3 + 4 \times 0.9091 + 4 \times 0.8264 = 9.94\,(万元)$

$PV_{甲} > PV_{乙}$

所以应该选择乙方案。

10. 解: $PVA_A = A \times PVIFA_{5\%,8} \times PVIF_{5\%,3} = 20 \times 6.4632 \times 0.8638 = 111.66 (万元)$

$PVA_B = A \times PVIFA_{5\%,9} + 15 = 15 \times 7.1078 + 15 = 121.62 (万元)$

张先生应该选择方案 A。

四、案例分析

答:（1）假设存款利率为 2%，主要是现在的 76 万元和每年（共 5 年）年初 20 万元房贴的现在价值的比较，则:

$PV_{房贴} = 20 \times (PVIFA_{2\%,4} + 1) = 20 \times (3.8077 + 1) = 96.16 (万元) > 76 (万元)$

所以李博士应该接受房贴。

（2）如果李博士是企业业主，在投资回报率为 32% 的时候，则 5 年房贴的现在价值为:

$PV_{房贴} = 20 \times (PVIFA_{32\%,4} + 1) = 20 \times (2.096 + 1) = 61.92 (万元) < 76 (万元)$

所以李博士应该接受住房。

第三章　章后习题参考答案

一、单项选择题

1.C　2.D　3.B　4.A　5.D　6.D　7.D　8.D　9.D　10.C

二、判断题

1.×　2.√　3.√　4.√　5.√　6.×　7.√　8.×　9.√　10.√

三、思考题

1.企业进行对外投资，应当考虑哪些因素？

答：（1）企业财务状况。企业对外进行投资首先必须考虑本企业当前的财务状况，如企业资产的利用情况、偿还债务的能力、未来几年的现金流动状况，以及企业的筹资能力等。

（2）企业经营目标。企业对外投资必须服从企业整体的经营目标，对外投资的目标应与企业的整体经营目标一致，或者有利于实现企业的整体经营目标。

（3）投资对象的收益与风险。对外投资虽然目的不同，但是，任何一种对外投资都希望获得更好的投资收益。企业进行对外投资时，要认真考虑投资对象的收益和风险，在保证实现投资目的的前提下，尽可能选择投资收益较高，风险较小的投资项目。

2.债券投资与股票投资有哪些特点？

答：债券投资的优点：

（1）本金的安全性高。

（2）收入比较稳定。

（3）许多债券都具有较好的流动性。

债券投资的缺点：

（1）购买力风险比较大。

（2）没有经营权，投资债券只是获得报酬的一种手段，无权对债券发行单位施以影响和控制。

（3）需要承受利率风险。

股票投资的优点：

（1）能获得比较高的报酬。

（2）能适当降低购买力风险。

（3）拥有一定的经营控制权。

股票投资的缺点：

（1）普通股对公司资产和盈利的求偿权均居最后。

（2）普通股的价格受众多因素影响，很不稳定。

（3）普通股的收入不稳定。

3.证券投资组合的策略有哪些？

答：常见的证券投资组合策略有以下几种：

（1）保守型的投资组合策略。该投资组合策略要求尽量模拟证券市场现状（无论是证券种类还是各证券的比例），将尽可能多的证券包括进来，以便分散掉全部可避免风险，从而得到与市场平均报酬率相同的投资报酬率。

（2）冒险的投资组合策略。该投资组合策略要求尽可能多选择一些成长性较好的股票，而少选择低风险低报酬的股票，这样就可以使投资组合的收益高于证券市场的平均收益。

（3）适中的投资组合策略。该投资组合策略认为，股票的价格主要由企业的经营业绩决定，只要企业的经济效益好，股票的价格终究会体现其优良的业绩。

四、计算分析题

1.解：（1）$K_i = R_f + \beta(R_m - R_f) = 6\% + 2.5 \times (10\% - 6\%) = 16\%$

（2）$P_0 = \dfrac{D_1}{R - g} = \dfrac{1.5}{16\% - 6\%} = 15（元/股）$

2.解：利率为4%时，$10\,000 \times 5\% \times PVIFA_{4\%,10} + 10\,000 \times PVIF_{4\%,10} = 10\,811（元）$，属于溢价发行；

利率为5%时，属于平价发行，故发行价格为10 000元；

利率为6%时，$10\,000 \times 5\% \times PVIFA_{6\%,10} + 10\,000 \times PVIF_{6\%,10} = 9\,264（元）$，属于折价发行。

3.解：A必要报酬率 $= 1.5 \times (14\% - 8\%) + 8\% = 17\%$

B必要报酬率 $= 1.0 \times (14\% - 8\%) + 8\% = 14\%$

C必要报酬率 $= 0.4 \times (14\% - 8\%) + 8\% = 10.4\%$

D必要报酬率 $= 2.5 \times (14\% - 8\%) + 8\% = 23\%$

五、案例分析

1.证券市场的风险与收益的关系？

答：一般地说，风险较大的证券，收益率相对较高；反之，收益率较低的投资品，风险相对也较小。证券投资的收益与风险同在，收益是风险的补偿，风险是收益的代价。

2.证券投资的种类及特点。

答：证券投资是多种多样的，按不同标准，也对证券投资进行不同的分类。下面根据证券投资的对象，将证券投资分为债券投资、股票投资和组合投资三类。

（1）债券投资

债券投资是指企业将资金投向各种各样的债券，例如，企业购买国库券、公司债券和短期融资券等都属于债券投资。与股票投资相比，债券投资能获得稳定的收益，投资风险较低。当然，也应看到，投资于一些期限长、信用等级低的债券，也会承担较大风险。

（2）股票投资

股票投资是指企业将资金投向其他企业所发行的股票，将资金投向优先股、普通股都属于股票投资。企业投资于股票，尤其是投资于普通股股票，要承担较大的风险，但在通常情况下，也会取得较高的收益。

（3）组合投资

组合投资是指企业将资金同时投资于多种证券，例如既投资于国库券，又投资于企业债券，还投资于企业股票。组合投资可以有效地分散证券投资风险，是企业等法人单位进行证券投资时常用的投资方式。

相对于实际资产投资或项目投资而言，证券投资具有如下特点：

（1）流动性强。证券投资的流动性明显高于实际资产投资。证券有着十分活跃的二级市场，与实际资产投资相比其转让过程快捷、简便得多，然而实际资产很难找到一个连续的二级市场，变现受到了限制。

（2）价值不稳定。证券投资不涉及人与自然界的关系，只涉及人与人之间的财务交易。由于证券相对于实际资产来说，受人为因素的影响较大，且没有相应的实物作保证，其价值受政治、经济等各种环境因素的影响较大，所以具有价值不稳定、投资风险大的特征。

（3）交易成本低。证券买卖的交易快速、简捷、成本较低。而实际资产的交易过程复杂、手续繁多，通常还需要进行调查、咨询等工作，交易成本较高。

第四章　章后习题参考答案

一、单项选择题

1.C　2.D　3.C　4.C　5.C　6.D　7.D　8.C　9.B　10.A

二、判断题

1.×　2.×　3.√　4.√　5.√　6.×　7.√　8.√　9.×

三、思考题

1.吸收直接投资的优缺点主要有哪些？

答：吸收直接投资的优点：

（1）筹资方式简便、筹资速度快、吸收直接投资的双方直接接触磋商，没有中间环节。

（2）有利于增强企业信誉。

（3）有利于企业尽快形成生产能力。

（4）有利于降低企业财务负担。

吸收直接投资的缺点：

（1）资本成本较高。企业向投资者支付的报酬是根据其出资的数额和企业实现利润的多寡来计算的，不能减免企业所得税，当企业盈利丰厚时，企业向投资者支付的报酬较多。

（2）容易分散企业控制权。采用吸收投资方式筹集资金，投资者一般都要求获得与投资数额相适应的经营管理权，这会造成原有投资者控制权的分散与减弱。

2.利用普通股筹资的优缺点有哪些？优先股的股东有哪些优先权利？

答：普通股筹资的优点：

（1）发行普通股筹资没有固定的财务负担。

（2）普通股股本没有规定到期日，不用偿还本金，是企业的永久性资金，除非公司破产清算才需偿还。

（3）普通股筹资的财务风险小，由于普通股没有到期日，没有固定的财务负担，因而不存在不能偿付的风险，所以财务风险最小。

（4）发行普通股能增加股份公司的信誉。

（5）普通股筹资限制较少。

普通股筹资的缺点：

（1）资本成本较高。一般来说，普通股筹资的成本要大于债务资金。这主要是因为股利要从净利润中支付，而债务资金的利息可在税前扣除。另外，普通股的发行费用也比较高。

（2）容易分散控制权。利用普通股筹资，出售新的股票，新股东增加，容易导致公司控制权的分散。此外，新股东有分享公司以前积累盈余的权利，会降低普通股的每股净收益，从而可能引起股价的下跌。

优先股股东与普通股股东比较，主要有以下优先权：

（1）优先分配固定的股利。

（2）优先分配公司剩余财产，当公司解散、破产等进行清算时，优先股股东优先于普通股股东分配公司的剩余财产。

3.长期借款筹资的优缺点有哪些？债券筹资的优缺点有哪些？

答：长期借款筹资的优点：

（1）筹资速度快，程序较为简单，可以快速获得现金。

（2）筹资成本较低，利用长期借款筹资，其利息比发行债券所支付的利息要低，另外，也无须支付大量的发行费用。

（3）借款弹性较大。

（4）企业可取得财务杠杆利益。

长期借款筹资的缺点：

（1）筹资风险较高。

（2）限制条件较多。

（3）筹资数量有限。

债券筹资的优点：

（1）资本成本较低。

（2）保障股东控制权。

（3）发挥财务杠杆作用。

债券筹资的缺点与长期借款筹资的缺点一致，筹资风险较高；限制条件较多；筹资数量有限。

四、案例分析

答：筹资渠道是指筹集资金来源的方向与通道，体现了资金的源泉和流量。从筹集资金的来源角度看，筹资渠道可以分为企业的内部筹资渠道和外部筹资渠道。

（1）内部筹资渠道。企业内部筹资渠道是指从企业内部开辟资金来源。从企业内部开辟资金来源有三个方面：企业自有资金、企业应付税利和利息、企业未使用或未分配的专项基金。一般在企业购并中，企业都尽可能选择这一渠道，因为这种方式保密性好，企业不必向外支付借款成本，因而风险很小。

（2）外部筹资渠道。企业外部筹资渠道是指企业从外部所开辟的资金来源，其主要包括：专业银行信贷资金、非金融机构资金、其他企业资金、民间资金和外资。企业从外部筹资具有速度快、弹性大、资金量大的优点，因此，在购并过程中一般是筹集资金的主要来源。但其缺点是保密性差，企业需要负担高额成本，因此产生较高的风险，在使用过程中应当注意。

对于生存与发展状态的企业来讲，筹资是其进行一系列经营活动的先决条件。不能筹集到一定数量的资金，也就无法取得预期的经济效益。筹资作为一个相对独立的行为，其对企业经营理财业绩的影响，主要是借助资本结构的变动而发生作用的。因此，在筹资活动中应重点考察以下几个方面：筹资活动会使资本结构有何变化；资本结构的变动会对企业业绩及税负产生何种影响；企业应当选择怎样的筹资方式，如何优化资本结构（长期负债与资本的比例关系）配置才能在节税的同时实现所有者税后利益最大化目标。

不同的筹资方式对应不同的筹资渠道，形成不同的资本结构。不同的筹资方式的税前和税后资本成本也是不一样的。企业要根据各种筹资渠道的特点及企业实际情况来选择。

第五章　章后习题参考答案

一、单项选择题

　　1.C　2.A　3.C　4.D　5.C　6.B　7.C　8.A　9.C　10.D　11.D　12.B　13.A

14.B　15.A　16.B　17.C　18.A

二、判断题

　　1.√　2.√　3.×　4.√　5.√　6.√　7.√　8.√　9.×　10.×　11.√　12.√

13.×　14.√　15.×　16.×　17.√　18.√　19.√　20.×

三、计算分析题

　　1.解：$10\% \times (1 - 25\%) = 7.5\%$

　　2.解：$\dfrac{100 \times 10\% \times (1 - 25\%)}{100 \times (1 - 5\%)} = 7.89\%$

　　3.解：$\dfrac{100 \times 10\%}{100 \times (1 - 2\%)} = 10.2\%$

　　4.解：$\dfrac{2}{30} + 10\% = 16.67\%$

　　5.解：$5\% \times 30\% + 8\% \times 10\% + 12\% \times 40\% + 10\% \times 20\% = 9.10\%$

　　6.解：$\text{DOL} = \dfrac{280 \times (1 - 60\%)}{80} = 1.4$

$\text{DFL} = \dfrac{80}{80 - 200 \times 45\% \times 12\%} = 1.16$

$\text{DTL} = 1.4 \times 1.16 = 1.62$

　　7.解：筹资突破点 $\text{BP}_1 = \dfrac{500}{40\%} = 1\,250\,(万元)$

筹资突破点 $\text{BP}_2 = \dfrac{1\,200}{60\%} = 2\,000\,(万元)$

0~1250万元范围的边际资本成本 $= 40\% \times 8\% + 60\% \times 12\% = 10.4\%$

1 250~2 000万元范围的边际资本成本 $= 40\% \times 9\% + 60\% \times 12\% = 10.8\%$

2 000万元以上范围的边际资本成本 $= 40\% \times 9\% + 60\% \times 13\% = 11.4\%$

　　8.解：变动成本率 $= 40\% = \dfrac{100}{P}$

　　解得：P=250元

固定成本 = (250 − 100) × 10 000 − 900 000 = 600 000 (元)

边际贡献 = 息税前利润 + 固定成本 = 900 000 + 600 000 = 1 500 000 (元)

$DOL = \dfrac{1\,500\,000}{900\,000} = 1.67$

$DFL = \dfrac{900\,000}{900\,000 − 400\,000} = 1.8$

$DTL = 1.67 × 1.8 = 3.006$

9.解：（1） $K_d = 10\% × (1 − 25\%) = 7.5\%$

$K_s = \dfrac{2 × (1 + 5\%)}{20} + 5\% = 15.5\%$

$K_w = 7.5\% × 40\% + 15.5\% × 60\% = 12.3\%$

（2）增加长期借款筹资方案的加权平均资本成本：

$K_d = 12\% × (1 − 25\%) = 9\%$

$K_w = 7.5\% × \dfrac{800}{2\,100} + 15.5\% × \dfrac{1\,200}{2\,100} + 9\% × \dfrac{100}{2\,100} = 12.14\%$

增加普通股筹资方案的加权平均资本成本：

$K_s = \dfrac{2 × (1 + 5\%)}{25} + 5\% = 13.4\%$

$K_w = 7.5\% × \dfrac{800}{2\,100} + 13.4\% × \dfrac{1\,200 + 100}{2\,100} = 11.15\%$

该公司应选择普通股筹资。

四、案例分析

解：（1） $\dfrac{(\overline{EBIT} − 0)×(1 − 25\%)}{20 + 10} = \dfrac{(\overline{EBIT} − 500 × 9\%)×(1 − 25\%)}{20}$

$\overline{EBIT} = 135 (万元)$

（2）当预期 EBIT=200 万元时，

$EPS_A = \dfrac{(200 − 0)×(1 − 25\%)}{20 + 10} = 5 (元/股)$

$EPS_B = \dfrac{(200 − 500 × 9\%)×(1 − 25\%)}{20} = 5.81 (元/股)$

因此，应采用B方案。

第六章 章后习题参考答案

一、单项选择题

1.B 2.B 3.B 4.A 5.A 6.A 7.A 8.D 9.D 10.D 11.C 12.D 13.B 14.D

二、多项选择题

1.ABD 2.AD 3.ACD 4.BCD 5.ABC 6.ABCD 7.BC 8.ABCD

三、判断题

1.× 2.× 3.× 4.× 5.× 6.√ 7.√ 8.√ 9.√ 10.√

四、计算题

1.解：折旧额 $= \dfrac{100\,000}{5} = 20\,000$（元/年）

$NCF_0 = 100\,000 + 30\,000 = 130\,000$（元）

$NCF_{1-4} = (60\,000 - 20\,000 - 20\,000) \times (1 - 25\%) + 20\,000 = 35\,000$（元）

$NCF_5 = 35\,000 + 30\,000 = 65\,000$（元）

（1）$pp = \dfrac{130\,000}{35\,000} = 3.71$（年）

（2）$ARR = \dfrac{(35\,000 \times 4 + 65\,000) \div 5}{130\,000} \times 100\% = 31.54\%$

（3）$NPV = 35\,000 \times PVIFA_{8\%,4} + 65\,000 \times PVIF_{8\%,5} - 130\,000 = 30\,162.5$（元）

（4）$PI = 1 + \dfrac{NPV}{C} = 1 + \dfrac{30\,185}{130\,000} = 1.23$

（5）当折现率为15%时，

$NPV = 35\,000 \times PVIFA_{15\%,4} + 65\,000 \times PVIF_{15\%,5} - 130\,000 = 2\,243$（元）

当折现率为16%时，

$NPV = 35\,000 \times PVIFA_{16\%,4} + 65\,000 \times PVIF_{16\%,5} - 130\,000 = -1\,116.5$（元）

$\dfrac{16\% - IRR}{16\% - 15\%} = \dfrac{-1\,116.5 - 0}{-1\,116.5 - 2\,243}$

$IRR = 15.67\%$

（6）项目可行。

2.解：（1）$NFC_0 = -50（万元）$

$$NCF_{1-4} = 10 \times (1 - 25\%) + \frac{50 \times (1 - 5\%)}{5} = 17（万元）$$

$$NCF_5 = 10 \times (1 - 25\%) + \frac{50 \times (1 - 5\%)}{5} + 50 \times 5\% = 19.50（万元）$$

（2）投资回收期$PP = \frac{50}{17} = 2.94（年）$

（3）平均报酬率$ARR = \frac{年平均现金流量}{投资总额} \times 100\%$

$$= \frac{17 \times 4 + 19.5}{5 \times 50} \times 100\% = 35\%$$

（4）净现值$NPV = 17 \times PVIFA_{10\%,5} + 2.5 \times PVIF_{10\%,5} - 50 = 16.00（万元）$

3.解：（1）折旧$= \frac{100 - 10}{5} = 18（万元）$

$NCF_0 = -110万元$

$NCF_{1-4} = (80 - 50 - 18) \times (1 - 25\%) + 18 = 27（万元）$

$NCF_5 = 27 + 10 + 10 = 47（万元）$

（2）$NPV = 27 \times PVIFA_{10\%,5} + 20 \times PVIF_{10\%,5} - 110 = 27 \times 3.7908 + 20 \times 0.6209 - 110$

$$= 4.77（万元）$$

（3）因为净现值大于0，所以该项投资在财务上是可行的。

4.解：（1）$NPV = 10 \times PVIF_{10\%,1} + 20 \times PVIFA_{10\%,4} \times PVIF_{10\%,1} + 25 \times PVIFA_{10\%,4} \times PVIF_{10\%,5} +$

$$28 \times PVIF_{10\%,10} - 100 = 26.72（万元）$$

（2）$PI = \frac{现金流入现值之和}{现金流出现值之和} = \frac{126.73}{100} = 1.27$

5.解：（1）A=-900万元；B=1 800万元

（2）计算或确定下列指标：

①静态投资回收期$= 3 + \frac{900}{1\,800} = 3.5（年）$，不包括建设期的投资回收期为

2.5年。

②净现值$= 1863.3万元$

③原始投资现值$= 1943.4万元$

④获利指数$= 1.96$

（3）基本具有财务可行性，因为净现值大于0。

6.折旧$= \frac{40 \times (1 - 4\%)}{8} = 4.8（万元）$

营业现金流量$= (32.4 - 16.2 - 4.8) \times (1 - 25\%) + 4.8 = 13.35（万元）$

（1）$NPV = 13.35 \times PVIFA_{16\%,8} \times PVIF_{16\%,2} + 1.6 \times PVIF_{16\%,10} - 40 = 3.46（万元）$

（2）由插值法可得内含报酬率为17.69%

（3）投资回收期$PP = \frac{40}{13.35} = 3（年）$（不包括建设期的投资回收期）

（4）平均报酬率$= \frac{13.35 \times 8 + 1.6}{40 \times 8} \times 100\% = 33.88\%$

（5）项目可行。

五、案例分析

G公司投资方案净现值见表4-1。

表4-1   G公司投资方案净现值表   单位：万元

时间（年末）	0	1	2	3	4	5
营业收入		500	1 000	1 500	1 500	1 500
税后收入		375	750	1 125	1 125	1 125
税后付现成本		4.1×100×（1−25%）=307.5	615	922.5	922.5	922.5
折旧抵税		95×25%=23.75	23.75	23.75	23.75	23.75
税后维护费		8×（1−25%）=6	6	6	6	6
税后培训费	6					
税后经营现金流量	−6	85.25	152.75	220.25	220.25	220.25
设备投资	−600					
营运资本投资	−80	−80	−80			
回收残值流量						106.25
回收营运资本						240
项目增量现金流量	−686	5.25	72.75	220.25	220.25	566.5
折现系数	1	0.8696	0.7561	0.6575	0.5718	0.4972
现值	−686	4.57	55.01	144.81	125.94	281.66
净现值	−74.01					

$$折旧 = \frac{600×(1-5\%)}{6} = 95（万元）$$

终结点账目净值 $= 600 - 5×95 = 125（万元）$

变现价值 $= 100万元$

回收现金流量 $= 100 + (125 - 100)×25\% = 106（万元）$

由于净现值为负，故自行购置方案不可行。

第七章　章后习题参考答案

一、单项选择题

1.D　2.D　3.D　4.B　5.D　6.D　7.C　8.D　9.B　10.C

二、多项选择题

1.ACD　2.ABD　3.AC　4.ACD　5.ABC　6.ABC　7.ABCD　8.ACD　9.ABC
10.ABC

三、简答题

1.简述营运资金管理的原则。

答：（1）保证合理的资金需求。企业应认真分析生产经营状况，合理确定营运资金的需要数量。

（2）提高资金使用效率。提高营运资金使用效率的关键就是采取得力措施，缩短营业周期，加速变现过程，加快营运资金周转。因此，企业要千方百计地加速存货、应收账款等流动资产的周转，以便用有限的资金服务于更大的产业规模，为企业取得更好的经济效益提供条件。

（3）节约资金使用成本。正确处理保证生产经营需要和节约资金使用成本二者之间的关系，要在保证生产经营需要的前提下，遵守勤俭节约的原则，尽力降低资金使用成本。一方面，要挖掘资金潜力，盘活全部资金，精打细算地使用资金；另一方面，积极拓展融资渠道，合理配置资源，筹措低成本资金，服务于生产经营。

（4）保持足够的短期偿债能力。偿债能力的高低是企业财务风险高低的标志之一。合理安排流动资产与流动负债的比例关系，保持流动资产结构与流动负债结构的适配性，保证企业有足够的短期偿债能力是营运资金管理的重要原则之一。

2.企业在权衡确定短期资产的最优持有水平时，应考虑的因素有哪些？

答：企业在权衡确定短期资产的最优持有水平时，应考虑的因素有：

（1）风险与报酬。一般而言，持有大量的短期资产可以降低企业的风险，但如果短期资产太多，则会降低企业的投资报酬率。因此需要对风险和报酬进行认真权衡，选择最佳的短期资产持有水平。

（2）企业所处的行业。不同行业的经营范围不同，资产组合有较大差异。

（3）企业规模。企业规模对资产组合也有重要影响，随着企业规模的扩大，短期资产的比重有所下降，这是因为：与小企业相比，大企业有较强的筹资能力，当企业出现不能偿付的风险时，可以迅速筹集资金，因而能承担较大的风险。所以可以只使用较少的短期资产而使用更多的固定资产；与大企业相比，大企业因实力雄厚，机械设备的自动化水平较高，故应在固定资产上进行较多的投资。

（4）外部筹资环境。一般而言，在外部市场较为发达、筹资渠道较为畅通的环境下，企业为了增强整体盈利能力，通常会减少对盈利能力不强的短期资产的投资，这将直接导致短期资产在总资产中的比例降低。

3.简述现金管理的目标和内容。

答：现金管理的目标是如何在现金的流动性和收益性之间进行合理选择，即在保证正常业务经营需要的同时，尽可能降低现金的占用量，并从暂时闲置的现金中获得最大的投资报酬。

现金管理的内容包括：

（1）编制现金收支计划，以便合理估计未来的现金需求。

（2）对日常的现金收支进行控制，力求加速收款，延缓付款。

（3）用特定的方法确定最佳现金余额，当企业实际的现金余额与最佳的现金余额不一致时，采用短期筹资策略或采用归还借款和投资于有价证券等策略来达到理想状况。

4.简述应收账款的功能和成本。

答：应收账款的功能指其在生产经营中的作用，主要有以下两个方面：

（1）增加销售功能。

（2）减少存货功能。

应收账款作为企业为增加销售和盈利进行的投资，必然会发生一定的成本。应收账款的成本主要有：

（1）应收账款的机会成本。

（2）应收账款的管理成本。

（2）应收账款的坏账成本。

四、计算题

1.解：（1）甲材料的经济订货批量 $= \sqrt{\dfrac{2 \times 36\,000 \times 400}{20}} = 1\,200\,(千克)$

（2）甲材料的年度订货批数 $= \dfrac{36\,000}{1\,200} = 30\,(次)$

（3）甲材料的相关储存成本 $= \dfrac{1\,200}{2} \times 20 = 12\,000\,(元)$

（4）甲材料的相关订货成本 $= 30 \times 400 = 12\,000\,(元)$

（5）经济订货量的相关总成本 $= 12\,000 + 12\,000 = 24\,000\,(元)$

2. 解：放弃现金折扣机会成本 $= \dfrac{1\%}{1-1\%} \times \dfrac{360}{50-10} = 9.09\%$

向A银行贷款实际利率 $= \dfrac{8\%}{1-10\%} = 8.89\%$

向B银行贷款实际利率 $= \dfrac{7\%}{1-7\%} = 7.53\%$

可见，应选择第三个方案。

3. 解：经济订货批量 $= \sqrt{\dfrac{2 \times 600 \times 8\,000}{6\,000}} = 40\,(吨)$

（1）如果经济批量订货，放弃折扣：

总成本 $=600 \div 40 \times 8\,000 + 40 \div 2 \times 6\,000 + 600 \times 800 = 720\,000$（元）

（2）如果不按经济批量订货，取得数量折扣：

总成本 $=600 \div 50 \times 8\,000 + 50 \div 2 \times 6\,000 + 600 \times 800 \times (1-2\%) = 716\,400$（元）

因此公司应以50吨的批量订货。

4. 解：再订货点$=500+20\times10=700$（件）

五、案例分析

答：（1）莲花味精公司应收账款管理存在的问题。

①莲花味精公司应收账款的结构欠合理。

与同行业相比莲花味精公司1年内到期的应收账款占总应收账款的比例偏低；1年以内应收账款占总应收账款的比例有下降的趋势；3年以上应收账款占总应收账款的比例有明显的上升趋势。

②3年以上应收账款坏账准备计提比例与其他上市公司相比异常低。

③单项金额重大的应收账款的确认标准欠妥当。

莲花味精公司年报中按风险类别不同将应收账款划分为以下三类：即单项金额重大的应收账款，单项金额不重大但按信用风险特征组合后该组合的风险较大的应收账款和其他不重大的应收账款。单项金额重要性的确认以500万元为界限不合理，不能衡量应收账款的风险大小。

④应收账款管理职能设置上的缺陷。

公司设有市场部，主要负责与客户洽谈合同，并承担收账责任。这种方式虽然改变了应收账款无人管理的状况，但实际上却给企业带来了更大的风险。应收账款不能得到有效的控制，反而在高额销售的激励机制下销售人员拥有更大的销售自主权，会形成更严重的拖欠。

（2）莲花味精公司可以从以下方面加强应收账款的管理：

莲花味精公司应收款项计提的坏账准备比例异常偏低，大量应收账款滞留在外，账龄结构恶化等现状，已经是企业不容忽视的问题，究其根本原因在于缺乏有效的内部控制制度。因此，贯彻内控基本原则，特别是风险导向内部控制思想，建立风险导向应收账款内部控制制度，对于已经存在与莲花味精公司类似的应收账款恶性现状或潜存该危机的公司来说势在必行。

①根据企业战略目标，制定内部控制总体目标。

应收账款内部控制必须有明确的目标，明确应收账款内控目标后需要对其进行有效管理。

②加强应收账款风险评估。

应收账款风险评估包括以下三个步骤：第一步，识别企业经营行为的主要风险，即经营风险和财务报表风险，经营风险主要表现为信用违约风险，财务报表风险主要表现为财务报表评价风险。第二步，追踪风险来源。信用违约风险来源于接受新客户、信用授予和欠款回收三个方面；财务报表评价风险来源于坏账准备计提的会计估计和单项金额重要性水平的确定。第三步，风险衡量。根据这些风险对企业影响的重要性和在长短期发生的可能性，对其进行排序，对于在短期内发生的可能性高且其涉及金额较大的风险需要优先管理。

③建立信用管理制度

建议公司安排赊销审批人员负责应收账款的全程管理工作，并在销售实现之前按赊销金额的一定比例向财务部门交纳一定的风险抵押金，以减少应收账款坏账的损失。

第八章　章后习题参考答案

一、单项选择题

1.D　2.C　3.A　4.B　5.A　6.A　7.A　8.B　9.C　10.D　11.B　12.B

二、多项选择题

1.ABCD　2.ABCD　3.ABC　4.ABCD　5.ABD

三、简答题

1.利润分配的基本原则是什么？

答：企业在进行利润分配时应遵循以下几条基本原则：

（1）坚持依法分配原则

企业利润分配必须依法进行，这是正确处理各方面利益关系的关键。企业实现了利润后首先应依照所得税税法的规定缴纳企业所得税；其次依照国家的有关法律制度的规定，按一定的比例提取公积金；最后企业考虑未来发展需要留足资金后再对投资者进行利润分配。

（2）力求兼顾各方面利益原则

税后利润分配合理与否直接关系到企业的投资者、经营者以及内部职工的切身利益。因此，在进行利润分配时必须坚持全局观念，兼顾各方的经济利益。

（3）坚持分配和积累并重的原则

企业进行利润分配应正确处理长远利益和短期利益的辩证关系，将二者有机地结合起来，坚持分配和积累并重。

（4）遵循投资与收益对等原则

企业税后利润在提取了盈余公积金以后，要向投资者分配利润。企业在向投资者分配利润时，必须做到谁投资谁受益，受益大小和投资比例相适应。

（5）遵循资本保全原则

利润分配是对企业投资者（所有者）投入资本增值的分配，而不是投入本金的返还，所以企业不能因向投资者分配利润而减少企业的资本总额，应确保资本的完整性，维护投资者的权益。为此，企业在年度发生亏损的情况下，不得动用资本向投资者分配利润，但国家有特殊规定的除外。

2.股利的种类有哪些？

答：股利的种类有：

（1）现金股利

现金股利是指股份企业以现金的形式发放给股东的股利，这是最常见的股利支付方式。发放现金股利的多少主要取决于企业的股利政策和经营业绩。

（2）股票股利

股票股利是指企业以股票形式发放的股利，即以股票作为股利的一种形式，按股东股份的比例发放。它不会引起企业资产的流出或负债的增加，而只涉及股东权益内部结构的调整。

（3）财产股利

财产股利是指企业用现金以外的其他资产分配股利。常用的形式是用企业持有的其他企业的股票、债券等有价证券来发放股利。

（4）负债股利

负债股利是指企业通过向股东负债的形式来代替股利发放。

3.股利理论有哪些？试分析它们各自的合理性和局限性。

答：（1）股利无关论

股利无关论观点认为，企业股票价格由企业投资方案和获利能力所决定，股利政策不会对企业的股票价格产生影响。股东只关心企业收益的增长，至于支付多大比例的股利，股东并不关心。若企业有理想的投资机会，则即便企业支付了较高的股利，投资者也会用分得的股利去购买该企业的股票。反过来，即使企业不支付股利，其股票价格也不会因此而受到影响，因为企业可以将较多的留存盈余用于再投资，导致企业股票价格上涨，需要现金的投资者可以通过出售股票换取现金。

（2）"一鸟在手"理论

"一鸟在手"理论源于谚语"双鸟在林不如一鸟在手"。该理论认为，就股利和资本利得收益形式而言，一些股东可能更偏好股利，从而对股票价格产生一定影响。

（3）信号传递理论

信号传递理论认为，股利政策之所以会影响企业股票的价值，是因为在信息不对称的情况下，股利能将企业的盈余状况、资金状况和财务信息等提供给投资者，从而股利分配对股票价格有一定影响。

（4）代理理论

代理理论认为，股利政策就相当于是协调股东与管理者之间代理关系的一种约束机制。高水平股利支付政策将有助于降低企业的代理成本，但同时也增加了企业的外部融资成本。最优的股利政策应使两种成本之和最小化。

（5）税收效应理论

税收效应理论认为，在考虑税负因素的情况下，资本利得的收入比股利收入更有利于实现企业价值最大化的目标，企业应采用低股利政策。

4.什么是股票分割？股票分割对股价会产生何种影响？

答：股票分割又称拆股，是指将高面额股票拆换为低面额股票的行为。

股票分割对股价产生的影响如下：

（1）股票分割降低每股市价，使企业股票处于更低的价位，从而可以吸引更多的投资者购买公司的股票。

（2）在投资者看来，股票分割往往是成长中企业的行为，所以宣布股票分割后容易给人一种"企业正处于发展之中"的印象，这种有利信息会对企业有所帮助，能提高投资者对公司的信心，在一定程度上可以稳定股价，甚至会提高公司股票的价格。

5.什么是股票回购？股票回购对公司和股东会产生何种影响？

答：股票回购是指股份有限公司出资重新购回已发行在外股票的行为。

股票回购对公司的影响：

（1）提高每股收益，稳定股价；

（2）提高资金的使用效率；

（3）增强反收购能力，强化股权控制；

股票回购对股东的影响：

（1）公司流通在外的股份缩小，负债不变，股东权益资本减少，在公司经营状况不变的情况下，股东的内在价值增加，因而股价预期会上涨，使股东从中得到好处。

（2）根据信号传递理论，股票回购往往预示着上市公司管理层认为公司股价被严重低估，因而其市场反应必然带动股价的拉升，使股东获益。

四、计算题

1.解：留存利润 $= 500 \times (1 - 10\%) = 450$（万元）

项目所需权益融资需要额 $= 1200 \times (1 - 50\%) = 600$（万元）

外部权益融资额 $= 600 - 450 = 150$（万元）

2.解：税后利润 $= (2480 - 570 - 2480 \times 55\%) \times (1 - 25\%) = 409.5$（万元）

提取的盈余公积金 $= (409.5 - 40) \times 10\% = 36.95$（万元）

提取的公益金 $= (409.5 - 40) \times 5\% = 18.475$（万元）

可供分配的利润 $= -40 + 409.5 - 36.95 - 18.475 = 314.075$（万元）

应向投资者分配的利润 $= 314.075 \times 40\% = 125.63$（万元）

未分配利润 $= 314.075 - 125.63 = 188.445$（万元）

五、案例分析

答：（1）鉴于公司现金流量恶化的情形，可以考虑发放股票股利，考虑到公司为上市公司，前5年一直发放现金股利，在此情形下，可以考虑在发放股票股利的同时，发放少量的现金股利以维持上市公司良好的形象。此外，公司应考虑影响

2017年盈利水平的环境因素是暂时的还是持续的。如果环境因素是暂时的，公司可以考虑继续发放现金股利；如果环境因素短时间内不会改善，公司可以考虑发放股票股利或者不发放股利。

（2）股利理论有股利无关论与股利相关论，股利无关论认为企业股票价格由企业投资方案和获利能力所定，股利政策不会对企业股票的价格产生影响。股利相关论认为股利无关论成立是基于很多假设的，而在现实环境中，这些假设均不成立，认为股利政策会影响公司股票的价值。该企业每年均发放现金股利0.2~0.5元/股，该股利政策向市场传递的信息为公司是盈利的，公司发展前景良好，因此，如果2017年的股利政策为不发放股利，会向市场传递公司亏损信息，从而影响股票价格。

第九章　章后习题参考答案

一、单项选择题

1.D　2.B　3.B　4.C　5.D　6.B　7.A　8.D　9.D　10.D

二、判断题

1.√　2.×　3.×　4.√　5.√　6.×　7.×　8.×　9.×　10.×

三、计算题

1.解：（1）$\dfrac{\text{期初流动资产} - \text{期初存货}}{\text{期初流动负债}} = \dfrac{\text{期初流动资产} - 180}{150} = 0.75$

由上式得出，期初流动资产=292.5（万元）

$\dfrac{\text{期末流动资产}}{\text{期末流动负债}} = \dfrac{\text{期末流动资产}}{225} = 1.6$

由上式得出，期末流动资产=360（万元）

（2）总资产周转率 $= \dfrac{\text{销售收入}}{\text{平均总资产}} = \dfrac{\text{销售收入}}{\dfrac{(800 + 1\,000)}{2}} = 1.2$

由上式得出，本期销售收入=1 080（万元）

（3）流动资产平均余额 $= \dfrac{(292.5 + 360)}{2} = 326.25 \text{（万元）}$

流动资产周转次数 $= \dfrac{1\,080}{326.25} = 3.31 \text{（次）}$

2.解：净利润 $= 1\,250 \times (1 - 25\%) = 937.5 \text{（万元）}$

销售净利率 $= \dfrac{\text{销售利润}}{\text{销售收入}} = \dfrac{937.5}{3\,750} = 25\%$

总资产周转率 $= \dfrac{\text{销售收入}}{\text{平均总资产}} = \dfrac{3\,750}{4\,687.5} = 80\%$

总资产净利率 $= \dfrac{937.5}{4\,687.5} = 20\%$

3.解：第一步：

存货周转率 $= \dfrac{\text{销售成本}}{(\text{期初存货} + \text{期末存货}) \div 2} = \dfrac{14\,700}{(1\,500 + \text{期末存货}) \div 2} = 6$

由上式得出，期末存货余额=3 400（万元）（3）

第二步：

应收账款=资产总额−货币资金−存货−固定资产净值

将已知数额带入上式得出，应收账款=5 950（万元）（2）

第三步：

$$流动比率 = \frac{流动资产}{流动负债} = \frac{货币资金 + 应收账款 + 存货}{应付账款 + 应交税费} = 2$$

将已知数额带入上式得出，应付账款=5 000（万元）（6）

第四步：

通过产权比率，我们可以求出剩下的两个项目：非流动负债、未分配利润

我们都知道：资产总额=负债总额+所有者权益总额

故：负债总额+所有者权益总额=16 200（万元）

产权比率=负债总额/所有者权益总额

A：0.7=（应付账款+应交税费+非流动负债）÷（实收资本+未分配利润）

B：应付账款+应交税费+非流动负债+实收资本+未分配利润=16 200

将已知的应付账款、应交税费、实收资本的金额代入 A、B 这个二式中，可以求得：

非流动负债=1 650（万元）（8）

未分配利润=2 000（万元）（10）

第五步：

将以上得出的各项目金额填入资产负债表即可。

4.解：（1）流动比率 $= \dfrac{620 + 2\,688 + 1\,932}{1\,032 + 672 + 936} = 1.98$

（2）资产负债率 $= \dfrac{1\,032 + 672 + 936 + 1\,932}{7\,580} \times 100\% = 60.32\%$

（3）利息保障倍数 $= \dfrac{354 + 196}{196} = 2.81$

（4）存货周转天数 $= \dfrac{11\,140}{\dfrac{1\,400 + 1\,932}{2}} = 6.69(次)$

（5）应收账款周转天数 $= \dfrac{360 \times \dfrac{(2\,312 + 2\,688)}{2}}{12\,860} = 69.98(天)$

（6）固定资产周转率 $= \dfrac{1\,720}{2\,340} = 0.74(次)$

（7）总资产周转率 $= \dfrac{12\,860}{7\,580} = 1.70(次)$

（8）销售净利率 $= \dfrac{220}{12\,860} = 1.71\%$

（9）总资产净利率 $= \dfrac{220}{7\,580} = 2.90\%$

（10）净资产收益率 $= \dfrac{220}{2\,888} = 7.62\%$

与行业平均财务比率比较可知，该公司基本与行业平均水平保持一致，利息保障倍数与应收账款周转天数低于平均水平，应就相关问题给予关注。

5.解：（1）年初流动比率 $= \dfrac{450}{210} = 2.14$

年末流动比率 $= \dfrac{630}{300} = 2.1$

年初速动比率 $= \dfrac{速动资产}{流动负债} = \dfrac{450 - 230}{210} = 1.05$

年末速动比率 $= \dfrac{速动资产}{流动负债} = \dfrac{630 - 360}{300} = 0.9$

年初/年末资产负债率 $= \dfrac{负债总额}{资产总额} = \dfrac{700}{1400} = 50\%$

权益乘数 $= \dfrac{资产总额}{股东权益总额} = \dfrac{1}{1 - 0.5} = 2$

（2）总资产周转率 $= \dfrac{销售收入}{平均总资产} = \dfrac{700}{(1400 + 1400) \div 2} = 0.5(次)$

销售净利率 $= \dfrac{净利润}{销售收入} = \dfrac{126}{700} = 18\%$

净资产收益率 $= \dfrac{净利润}{平均净资产} = \dfrac{126}{700} = 18\%$

（3）销售净利率变动的影响 $= (18\% - 16\%) \times 0.5 \times 2.5 = 2.5\%$

总资产周转率变动的影响 $= 18\% \times (0.5 - 0.5) \times 2.5 = 0$

权益乘数变动的影响 $= 18\% \times 0.5 \times (2 - 2.5) = -4.5\%$

综合各因素的影响 $= 2.5\% + 0 - 4.5\% = -2\% = 18\% - 20\%$

四、案例分析

1.解：年初流动比率 $= \dfrac{844}{470} = 1.80$

年末流动比率 $= \dfrac{1020}{610 + 50} = 1.55$

年初速动比率 $= \dfrac{110 + 80 + 350}{470} = 1.15$

年末速动比率 $= \dfrac{160 + 100 + 472}{610 + 50} = 1.11$

根据行业均值比较，流动比率应该维持在2，速动比率应维持在1.2，这样才能保证企业有较强的偿债能力，又能保证企业生产经营顺利进行。而该公司年初流动比率为1.80，年末流动比率为1.55，年初速动比率为1.15，年末速动比率为1.11，均低于行业均值，说明该公司的短期偿债能力稍差。

年初资产负债率 $= \dfrac{934}{1414} = 0.66$

年末资产负债率 $= \dfrac{1360 + 50}{1860} = 0.76$

一般认为，资产负债率的适宜水平为0.4~0.6，对于经营风险较高的企业，为减少财务风险应该选择比较低的资产负债率；对于经营风险低的企业，为增加股东收益应该选择比较高的资产负债率。而行业均值为0.42，该公司年初资产负债率为0.66，年末资产负债率为0.76，高于行业均值，说明该公司的长期偿债能力高于行业均值。

2.答：应收账款周转率 $= \dfrac{5\,680}{(350+472)\div 2} = 13.82$（次）

该公司应收账款周转次数低于行业均值16次，说明该公司应收账款周转一般，应加强管理。

存货周转率 $= \dfrac{3\,480}{(304+332)\div 2} = 10.94$（次）

该公司存货周转率高于行业均值8.5次，说明存货周转良好。

总资产周转率 $= \dfrac{5\,680}{(1\,414+1\,860)\div 2} = 3.47$（次）

该公司总资产周转率3.47次高于行业均值2.65次，说明总资产周转良好，总体来说，该公司的营运能力比较强。

3.答： 资产净利率 $= \dfrac{514}{(1\,414+1\,860)\div 2} \times 100\% = 31.4\%$

销售净利率 $= \dfrac{576}{5\,800} \times 100\% = 9.93\%$

净资产收益率 $= \dfrac{576}{(480+500)\div 2} \times 100\% = 117.55\%$

该公司的资产净利率、销售净利率、净资产收益率均高于行业均值，说明该公司的盈利能力比较强。

4.答：通过上述的计算分析，可以发现该公司存在的主要问题是应收账款回收周期过长，存货库存过大，负债较多。针对以上问题应该采取的改进措施为：尽量缩短应收账款回收周期，完善仓库的收发存工作，鉴于公司目前的营运状况良好，可以尝试归还部分借款等非必要负债。

第十章　章后习题参考答案

一、单项选择题

1.C　2.C　3.C　4.A

二、多项选择题

1.ABD　2.ABC　3.ACD

第十一章　章后习题参考答案

一、单项选择题

1.C　2.A　3.D　4.B　5.D　6.C

二、多项选择题

1.CD　2.ABC　3.ABD　4.ABCD　5.ABCD

三、简答题

1.联系我国企业的实际情况，分析企业产生财务危机的原因。

答：（1）企业管理层结构存在缺陷。这种缺陷会导致企业重大决策出现失误，给企业造成严重损失。

（2）会计信息系统存在缺陷。会计信息系统是决策的支持系统，健全、可靠的信息有助于管理层及时发现问题，为正确决策提供依据。虚假、不完整的信息往往掩盖问题的存在，不断积累会加剧财务危机的爆发。其具体表现为：预算控制系统缺失或不健全；缺乏对现金流量的预测；没有成本核算系统；对资产的估计不当等。

（3）企业应变能力不强，应对措施不得当。由于企业竞争、政治、经济等外部因素经常处于不断变化之中，企业能否对这些不可控的外部因素变化及时作出反应、采取恰当的应对措施，将决定企业的生存和发展。

（4）制约企业对环境变化作出反应的因素。来自政府或社会的一些限制因素，可能会制约企业对环境变化的反应，降低企业的自由度，导致企业付出较高的成本。

（5）过度经营。企业过度经营有许多表现形式，例如，过度筹资降低了资金利用效率；以牺牲利润率的方式追求销售额的增长等。

（6）盲目开发大项目。管理层过于乐观，盲目开发大项目，高估项目的收入或低估项目的成本，导致企业现金流量紧张。企业经常开发的大项目主要包括并购、多元化经营、开发新产品、项目扩张等。

（7）高财务杠杆。在经济环境不景气、企业经营业绩下降的情况下，较高的资产负债率会加大财务风险，导致企业发生亏损和现金流量紧张。

（8）常见的经营风险。

2.企业发生财务危机之前可能会存在哪些征兆？

答：如果企业存在陷入财务危机的原因，首先应该表现为财务危机的征兆，而财务危机的征兆往往表现在财务指标、财务报表以及经营状况等方面。

财务指标的征兆：

（1）现金流量不断减少，收不抵支。

（2）存货出现异常变动。

（3）销售量非预期下降。

（4）利润严重下滑。

（5）平均收账期延长。

（6）偿债能力指标恶化。

财务报表的征兆：

（1）利润表出现亏损。

（2）资产负债表出现负债增加情况。

（3）现金流量表出现经营产生的现金流量减少，筹资产生的现金流量增加情况。

经营状况的征兆：

（1）盲目扩大企业规模。

（2）企业信誉不断降低。

（3）关联企业趋于倒闭。

（4）产品市场竞争力不断减弱。

其他方面的征兆：

（1）企业人员大幅变动往往也是危机的征兆之一。

（2）企业信用等级降低、资本注销、企业主要领导人的反常行为、注册会计师出具保留意见的审计报告等，也是企业财务危机发生的征兆。

3.我国《破产法》中规定重整的意义何在？

答：债务人的大量破产既会损害债权人的利益，又会损害社会利益。我国《破产法》从尽力挽救市场主体的角度出发，科学地创建了重整制度。

重整是指对陷入财务危机但仍有转机和重建价值的企业根据一定程序进行重新整顿，使企业得以维持和复兴，并按约定的方式清偿债务的法律程序。启动重整程序后，不对无偿付能力的债务人进行财产清算，而是在法院的主持下由债务人与债权人达成协议，制订重整计划，规定在一定的期限内，债务人按一定的方式全部或部分清偿债务，同时债务人可以继续经营其业务。

重整程序是一种再建型的债务清偿制度，其立法目的在于促进债务人复兴，这是破产法律制度的国际惯例，它使破产法不仅仅是一个市场退出法和死亡法，还是一个企业恢复生机法和拯救法。在提出破产申请后，陷入困境的企业依然有可能通过有效的重整避免破产清算。在重整期间，债务人可以在管理人的监督下自行管理财产并继续进行经营活动。

4.企业重整与债务和解有何区别？

答：重整与和解是破产重组的两种不同方式。重整是指对陷入财务危机但仍有转机和重建价值的企业根据一定程序进行重新整顿，使企业得以维持和复兴，并按约定的方式清偿债务的法律程序。和解是指在债务人无法清偿到期债务的情况下，由债务人提出债务和解协议并向法院提出和解申请，经债权人会议通过和法院认可后，按照和解协议规定的条件清偿债务的法律程序。

重整与和解的区别，主要体现在以下几个方面：

（1）目的不同。和解采取的方式是消极预防债务人被宣告破产，其实质是重在清偿。而重整制度是积极预防破产，充分调动各方利害关系人的积极性，共同致力于挽救处于困境中的企业。

（2）适用对象不同。和解程序既适用于自然人，又适用于法人及合伙人等。而重整的适用对象主要是对社会经济有重大影响的债务人及有再建价值的企业。

（3）申请人不同。和解申请权只能由债务人行使，债权人不能申请。而重整程序开始的申请人的范围则比较广泛，可以是债务人还可以是债权人、债务人的股东。

（4）效力不同。根据各国法律对和解的规定，和解协议经法院认可后，只能对没有担保的债权人发生效力。重整制度则不同，只要依法进入重整程序，其效力及于所有的债权人。此外，重整程序的效力优于破产清算程序与和解程序。

5.企业在破产清算过程中，存在哪些财务问题需要解决？

答：清算是企业在终止过程中，为终结现存的各种经济关系，对企业的财产进行清查、估值和变现，清理债权和债务，分配剩余财产的行为。

破产清算时财务上需要解决以下问题：

（1）核实企业资产及债权债务。

（2）对企业各种资产进行处置。

（3）将处置所得按法定顺序进行支付和赔付。如果不够，则按比例进行，完毕后编写清算报告。

（4）对支付和赔付后的剩余财产进行分配，分配完毕后编写清算报告。

四、案例分析

答：（1）根据《破产法》的规定，东星航空的破产财产在优先清偿破产费用和共益债务后，依照下列顺序清偿：①破产人所欠职工的工资，医疗、伤残补助和抚恤费用，所欠的应当划入职工个人账户的基本养老保险、基本医疗保险费用，以及法律、行政法规规定应当支付给职工的补偿金。②破产人欠缴的除前项规定以外的社会保险费用和破产人所欠税款。③普通破产债权。

（2）根据《破产法》的规定，企业破产清算的基本程序如下：

①提出破产申请

《破产法》规定，破产申请可由债务人向法院提出，即自愿破产，也可由债权人向法院提出，即非自愿破产。该案例中东星航空是由其债权人向法院提出的破产申请。

②法院受理破产申请

法院接到破产申请后应进行受理与否的审查。一般来说，法院应当自收到破产申请之日起15日内裁定是否受理。

③指定破产管理人

法院裁定受理破产申请后，应当指定管理人。本案例指定东星航空公司清算组担任破产管理人。

④债权人申报债权

法院受理破产申请后，应当确定债权人申报债权的期限。债权人应当在法院确定的债权申报期限内向管理人申报债权。管理人收到债权申报材料后，应当登记造册，对申报的债权进行审查，并编制债权表。

⑤召开债权人会议，选举债权人委员会

债权人会议是由依法申报债权的所有债权人组成的，决定债务人在破产期间的重大事项。债权人会议可以决定设立债权人委员会。

⑥法院宣告债务人破产

法院对债务人的破产申请进行审理，对符合破产条件的企业下发破产宣告裁定书，正式宣告债务人破产。

⑦处置破产财产

管理人负责处置破产企业的财产。管理人在法院宣告债务人破产后，应当接管破产企业，开展清产核资、资产评估等工作，对破产财产和破产债权进行认定、清理、回收、管理、处分破产企业财产，代表破产企业参加诉讼和仲裁活动。

⑧分配破产财产

破产财产变价处置后，管理人应当及时拟订破产财产分配方案，并提交债权人会议表决。债权人会议通过破产财产分配方案后，由管理人将该方案提请法院裁定认可后，由管理人执行。

⑨终结破产程序

管理人完成最后的破产财产分配后，应当及时向法院提交破产财产分配报告提请法院裁定终结破产程序。

第五部分 模拟试卷及参考答案

财务管理模拟试卷一

（4学分）

考试时间为120分钟

题号	一	二	三	四	总分	
得分						
阅卷人					合分人	

附10%现值系数表：

	1	2	3	4	5	6	7	8	9	10
PVIF	0.9091	0.8264	0.7513	0.6830	0.6209	0.5645	0.5132	0.4665	0.4241	0.3855
PVIFA	0.9091	1.7355	2.4869	3.1699	3.7908	4.3553	4.8684	5.3349	5.7590	6.1446

得 分

一、单项选择题（本大题共35小题，每小题1分，共35分。在每小题列出的四个备选项中只有一个是符合题目要求的，请将其代码按要求填写。错选、多选或未选均无分）

1	2	3	4	5	6	7	8	9	10	11	12	13	14	15

16	17	18	19	20	21	22	23	24	25	26	27	28	29	30

31	32	33	34	35

1.当以股东财富最大化反映企业财务管理的目标时，能反映股东财富的指标是（　　）。

A.利润总额　　　　B.每股市价　　　　C.每股收益　　　　D.资本利润率

2.表示资金时间价值的利息率是（　　）。

A.银行同期贷款利率　　　　　　B.银行同期存款利率

C.社会资金平均利润率　　　　　D.加权资本成本

3.最初若干期没有收付款项，距今若干期以后发生的每期期末收付款的年金，被称为（　　）。

A.普通年金　　　B.预付年金　　　C.后付年金　　　D.递延年金

4.企业年初借得50 000元贷款，10年期，年利率12%，每年年末等额偿还。已知年金现值系数（P/A，12%，10）=5.6502，则每年应付金额为（　　）元。

A.8 849　　　　B.5 000　　　　C.6 000　　　　D.28 251

5.为比较期望报酬率不同的两个或两个以上的方案的风险程度，采用的标准是（　　）。

A.标准离差　　　B.标准离差率　　　C.概率　　　D.风险报酬率

6.某公司发行的股票，投资人要求的必要报酬率为20%，最近刚支付的股利为每股2元，估计股利年增长率为10%，则该种股票的价值为（　　）元/股。

A.20　　　　B.24　　　　C.22　　　　D.18

7.在SWOT分析中，最理想的组合是（　　）。

A.SO组合　　　B.WO组合　　　C.ST组合　　　D.WT组合

8.在下列各种筹资方式中，最有利于降低公司财务风险的是（　　）。

A.发行普通股　　　　　　　B.发行优先股

C.发行公司债券　　　　　　D.发行可转换债券

9.以下项目不属于敏感资产项目的是（　　）。

A.现金　　　B.应收账款　　　C.应收票据　　　D.存货

10.某企业按年利率10%从银行借入款项800万元，银行要求企业按贷款限额的15%保持补偿余额，该贷款的实际年利率为（　　）。

A.11%　　　　B.13.33%　　　　C.12%　　　　D.11.50%

11.在下列各种筹资渠道中，属于企业内部筹资渠道的是（　　）。

A.银行信贷资金　　　　　　B.非银行金融机构资金

C.企业内部留用资金　　　　D.职工购买企业债券的投入资金

12.相对于股票筹资而言，银行借款的缺点是（　　）。

A.筹资速度慢　　B.筹资成本高　　C.借款弹性差　　D.财务风险大

13.对债券进行信用评级工作，这主要是为了保护（　　）利益。

A.所有者　　　B.大股东　　　C.中小股东　　　D.债权人

14.某公司向银行借贷2 000万元，年利息为8%，筹资费率为0.5%，该公司使用的所得税税率为25%，则该笔借款的资本成本是（　　）。

A.6.00%   B.6.03%   C.8.00%   D.8.04%

15.某公司计划投资建设一条生产线,投资总额为60万元,预计生产线接产后每年可为公司新增利润4万元,生产线的年折旧额为6万元,则该投资的静态投资回收期为（   ）年。

A.5   B.6   C.10   D.15

16.如果企业一定期间内的固定生产成本和固定财务费用均不为零,则由上述因素共同作用而导致的杠杆效应属于（   ）。

A.经营杠杆效应   B.财务杠杆效应

C.联合杠杆效应   D.风险杠杆效应

17.一般来说,在企业的各种资金来源中,资本成本最高的是（   ）。

A.优先股   B.普通股   C.债券   D.长期借款

18.最佳资本结构是指企业在一定时期最适宜其有关条件下（   ）。

A.企业价值最大的资本结构

B.企业目标资本结构

C.加权平均资本成本最低的目标资本结构

D.加权平均资本成本最低、企业价值最大的资本结构

19.用于追加筹资决策的资本成本是（   ）。

A.个别资本成本   B.综合资本成本

C.边际资本成本   D.加权资本成本

20.在项目投资决策中,完整的项目计算期是指（   ）。

A.建设期   B.生产经营期

C.建设期+达产期   D.建设期+生产经营期

21.在投资决策评价方法中,对于互斥方案来说,最好的评价方法是（   ）。

A.净现值法   B.获利指数法

C.内部报酬率法   D.平均报酬率法

22.某投资方案的折现率为18%时,净现值为−3.17万元,折现率为16%时,净现值为6.12万元,则该投资方案的内部报酬率为（   ）。

A.14.68%   B.16.68%   C.17.32%   D.18.32%

23.在下列评价指标中,属于非折现正指标的是（   ）。

A.静态投资回收期   B.平均报酬率

C.内部报酬率   D.净现值

24.某公司用长期资金来源满足全部非流动资产和部分永久性流动资产的需要,而用短期资金来源满足剩下部分永久性流动资产和全部波动性流动资产的需要,则该公司的流动资产融资策略是（   ）。

A.激进型融资策略   B.保守型融资策略

C.折中型融资策略   D.期限匹配型融资策略

25.在下列各项中,受企业股票分割影响的是（   ）。

A.股票票面价值　　　　　　　　B.股东权益总额

C.企业资本结构　　　　　　　　D.股东持股比例

26.确定股东是否有权领取股利的截止日期是（　　　）。

A.除息日　　　　B.股权登记日　　　　C.股权宣告日　　　　D.股权发放日

27.在新旧设备使用寿命不同的固定资产更新决策中，不可以使用的决策方法是（　　　）。

A.差量分析法　　　　　　　　　B.年均净现值法

C.年均成本法　　　　　　　　　D.最小公倍寿命法

28.某投资方案的年营业收入为10 000元，年付现成本为6 000元，年折旧额为1 000元，所得税税率为25%，该方案的每年经营现金流量为（　　　）元。

A.1 680　　　　B.2 680　　　　C.3 250　　　　D.3 990

29.肯定当量法的基本思路是先用一个系数把有风险的现金收支调整为无风险的现金收支，然后用（　　　）去计算净现值。

A.无风险的贴现率　　　　　　　B.有风险的贴现率

C.内部报酬率　　　　　　　　　D.资本成本

30.A企业投资20万元购入一台设备，预计使用年限为20年，按直线法计提折旧，无残值。设备投产后预计每年可获得净利润5万元，则该投资的回收期为（　　　）年。

A.5　　　　B.4　　　　C.3.33　　　　D.6

31.下列关于信用期限的描述，正确的是（　　　）。

A.缩短信用期限，有利于销售收入的扩大

B.信用期限越短，企业坏账风险越大

C.信用期限越长，表明客户享受的信用条件越优越

D.信用期限越短，应收账款的机会成本越高

32.经济订货批量是指（　　　）。

A.采购成本最低的采购批量　　　B.订货成本最低的采购批量

C.储存成本最低的采购批量　　　D.存货总成本最低的采购批量

33.成本分析模式下的最佳现金持有量是使以下各项成本之和最小的现金持有量（　　　）。

A.机会成本和管理成本　　　　　B.机会成本和短缺成本

C.管理成本和交易成本　　　　　D.管理成本、短缺成本和机会成本

34.在下列各项中，属于应收账款机会成本的是（　　　）。

A.坏账损失　　　　　　　　　　B.收账费用

C.对客户信用进行调查的费用　　D.应收账款占用资金的应计利息

35.在下列股利政策中，能够使股利支付水平与公司盈利状况密切相关的是（　　　）。

A.固定股利政策　　　　　　　　B.剩余股利政策

C.固定股利支付率政策　　　　　　　D.稳定增长股利政策

　　　二、多项选择题（本大题共 10 小题，每小题 1 分，共 10 分。在每小题列出的四个备选项中至少有两个是符合题目要求的，请将其代码填写在题后的括号内。错选、多选、少选或未选均无分）

1	2	3	4	5	6	7	8	9	10

　　1.公司制企业有可能存在经营者和股东之间的利益冲突，解决这一冲突的方式有（　　）。

A.解聘　　　　　　B.接收　　　　　　C.收回借款　　　　D.授予股票期权

　　2.在下列各项中，可以用来衡量投资项目风险的有（　　）。

A.报酬率的期望值　　　　　　　　B.预期报酬率的标准离差率

C.期望报酬率的方差　　　　　　　D.预期报酬率的标准离差

　　3.以下各项属于财务状况预算内容的有（　　）。

A.短期资产预算　　　　　　　　　B.长期资产预算

C.短期债务资本预算　　　　　　　D.长期债务资本预算

　　4.公司债券筹资与普通股筹资相比较（　　）。

A.普通股筹资的风险相对较低

B.公司债券筹资的资本成本相对较高

C.普通股筹资可以利用财务杠杆的作用

D.公司债券利息可以税前列支，普通股股利必须是税后支付

　　5.在个别资本成本中，须考虑抵税因素的是（　　）。

A.债券成本　　　　　　　　　　　B.银行借款成本

C.普通股成本　　　　　　　　　　D.留存收益成本

　　6.确定一个投资方案可行的必要条件是（　　）。

A.内部报酬率大于1　　　　　　　B.净现值大于零

C.获利指数大于1　　　　　　　　D.回收期小于1年

　　7.在考虑企业所得税的前提下，下列可用于计算现金流量的公式有（　　）。

A.税后经营净利润+非付现成本

B.营业收入–付现成本–所得税

C.（营业收入–付现成本）×（1–所得税税率）

D.营业收入×（1–所得税税率）+非付现成本×所得税税率

　　8.企业持有现金的动机主要有（　　）。

A.预防动机　　　B.交易动机　　　C.盈利动机　　　D.投机动机

　　9.下列各项，属于商业信用筹资形式的有（　　）。

A.分期收款售货　　　　　　　　　B.赊购商品

C.分期代销商品　　　　　　　　　D.预收货款

10.影响股利政策的因素有（　　　　）。

A.法律因素　　　　　　　　　　　B.债务契约因素

C.公司自身因素　　　　　　　　　D.股东因素

得 分

三、判断正误题（本大题共10小题，每小题1分，共10分。请判断每题的表述是否正确，你认为正确的，请将代码"√"填写在给定的表格中，你认为错误的，请将代码"×"填写在给定的表格中）

1	2	3	4	5	6	7	8	9	10

1.企业与所有者之间的财务关系可能会涉及企业与法人单位的关系、企业与商业信用者之间的关系。　　　　　　　　　　　　　　　　　　　　（　　）

2.证券组合投资要求补偿的风险只是市场风险，而不要求对可分散风险进行补偿。　　　　　　　　　　　　　　　　　　　　　　　　　　　　（　　）

3.在营业收入比例法下，预计利润表与实际利润表、预计资产负债表与实际资产负债表的内容和格式是相同的。　　　　　　　　　　　　　　（　　）

4.当资本结构不变时，个别资本成本越低，则综合资本成本越高；反之，个别资本成本越高，则综合资本成本越低。　　　　　　　　　　　　（　　）

5.债券的发行价格与股票的发行价格一样，只允许平价或溢价发行，不允许折价发行。　　　　　　　　　　　　　　　　　　　　　　　　　　　（　　）

6.净现值大于零，则获利指数大于1。　　　　　　　　　　　　（　　）

7.某公司2019年预计新建厂房，之前已经支付了10 000元的咨询费，这10 000元是公司进行新建厂房决策时的相关成本。　　　　　　　　　　　（　　）

8.营运资金具有多样性、波动性、短期性、变动性和不易变现等特点。（　　）

9.循环协议借款是一种特殊的信用额度借款，企业和银行要协商确定贷款的最高限额，在最高限额内，企业可以借款、还款、再借款、再还款，不停地周转使用。　　　　　　　　　　　　　　　　　　　　　　　　　　　　（　　）

10.投资者在除息日购入股票无权领取本次股利。　　　　　　　（　　）

得 分

四、计算题（本大题共6小题，其中第1～4题每小题5分，第5题10分，第6题15分，共45分，运算步骤和结果保留到小数点后两位）

1.某公司拟购置一处房产，房产商提出三个付款方案：

（1）从现在起，每年年初支付18万元，连续支付10次，共180万元；

（2）从第5年开始，每年年末支付25万元，连续支付10次，共250万元；

（3）从第5年开始，每年年初支付24万元，连续支付10次，共240万元。

假设该公司的资本成本（即最低报酬率）为10%，你认为该公司应选择哪个方案支付房款？

2.企业准备投资某债券，面值2 000元，票面利率为8%，期限为5年，企业要求的必要投资报酬率为10%。

要求：就下列条件计算债券的投资价值：

（1）债券每年计息一次；

（2）债券到期一次还本付息，复利计息；

（3）债券折价发行，到期偿还本金。

3.某公司的销售全部为赊销，销售毛利率保持不变，应收账款的机会成本率为15%，当前信用政策以及建议信用政策比较表见表5-1。

表5-1　　　　　　　　　　　　当前信用政策以及建议信用政策比较表

当前信用政策	建议信用政策
信用条件：30天付清	信用条件：2/10，N/30
销售收入：20万元	销售收入：25万元
销售毛利：4万元	享受现金折扣的比例：60%
平均坏账损失率：8%	平均坏账损失率：6%
平均收现期：50天	平均收现期：25天

要求：试利用差量分析法判断建议信用政策是否可行。

4.正保公司年终进行利润分配前的股东权益情况见表5-2。

表5-2　　　　　　　　　　　年终进行利润分配前的股东权益情况　　　　　　　　　单位：万元

股本（每股面值3元，已发行100万股）	300
资本公积	300
未分配利润	600
股东权益合计	1 200

要求：回答下列互不关联的两个问题：

（1）如果公司宣布发放10%的股票股利，若当时该股票市价为5元/股，股票股利的金额按照当时的市价计算，并按发放股票股利后的股数发放现金股利每股0.1元，则计算发放股利后的股东权益各项目的数额。

（2）如果按照1股换3股的比例进行股票分割，计算进行股票分割后股东权益各项目的数额。

5.某公司原有设备一套，购置成本为150万元，预计使用10年，已使用5年，预计残值为原值的10%，该公司用直线法计提折旧，现该公司拟购买新设备替换旧设备，以提高生产率，降低成本。新设备的购置成本为200万元，使用年限为5年，同样用直线法计提折旧，预计残值为购置成本的10%，使用新设备后公司每年的销售额可以从1 500万元上升到1 650万元，每年付现成本将从1 100万元上升到1 150万元，公司如购置新设备，旧设备出售可得收入100万元，该企业的所得税税率为25%，资本成本为10%。

要求：计算下列项目金额：

（1）继续使用旧设备方案的现金流量及净现值；

（2）更新使用新设备方案的现金流量及净现值；

（3）根据上述计算结果作出方案选择。

6.Y公司是一家上市公司，该公司20×8年年末资产总计为10 000万元，其中负债合计2 000万元。该公司适用的所得税税率为25%，相关资料如下：

资料一：预计Y公司净利润持续增长，股利也随之相应增长。Y公司相关资料见表5-3。

表5-3 　　　　　　　　　　　Y公司相关资料

20×8年年末股票每股市价（元/股）	8.75
20×8年股票的β系数	1.25
20×8年的无风险收益率	4%
20×8年市场组合的收益率	10%
预计股利年增长率	6.5%
预计20×9年每股现金股利（D_1）（元/股）	0.5

资料二：Y公司认为20×8年的资本结构不合理，准备发行债券募集资金用于投资，并利用自有资金回购相应价值的股票，优化资本结构，降低资本成本。假设发行债券不考虑发行费用，且债券的市场价值等于其面值，股票回购后该公司总资产的账面价值不变，经测算，不同资本结构下的债务利率和权益资本成本见表5-4。

表5-4 　　　　　　**不同资本结构下的债务利率和权益资本成本** 　　　　金额单位：万元

方案	负债	债务利率	税后债务资本成本	按资本资产定价模型确定的权益资本成本	以账面价值为权重确定的权益资本成本
原资本结构	2 000	（A）	4.5%	×	（C）
新资本结构	4 000	7%	（B）	13%	（D）

注：表中的×表示省略的数据。

要求：（1）根据资料一，利用资本资产定价模型计算Y公司股东要求的必要收益率。

（2）根据资料一，利用股票估计模型计算Y公司20×8年年末股票的内在价值。

（3）根据上述计算结果，判断投资者20×8年年末是否应该以当时的市场价格买入Y公司股票，并说明理由。

（4）确定表4中字母代表的数值（需要列示计算过程）。

（5）根据（4）的计算结果，判断这两种资本结构哪种更好，说明理由。

（6）预计20×9年Y公司的息税前利润为1 400万元，假设20×9年该公司选择负债4 000万元的资本结构。20×9年的经营杠杆系数为2，计算该公司20×9年的财务杠杆系数和总杠杆系数。

财务管理模拟试卷一参考答案

一、单项选择题（35×1=35分）

1	2	3	4	5	6	7	8	9	10	11	12	13	14	15
B	C	D	A	B	C	A	A	C	B	C	D	D	B	B

16	17	18	19	20	21	22	23	24	25	26	27	28	29	30
C	B	D	C	D	A	C	B	A	A	B	A	C	A	C

31	32	33	34	35
C	D	B	D	C

二、多项选择题（10×1=10分）

1	2	3	4	5	6	7	8	9	10
ABD	BCD	ABCD	AD	AB	BC	AB	ABD	BD	ABCD

三、判断正误题（10×1=10分）

1	2	3	4	5	6	7	8	9	10
×	√	√	×	×	√	×	×	√	√

四、计算题（本大题共6小题，其中第1~4题每小题5分，第5题10分，第6题15分，共45分，运算步骤和结果保留到小数点后两位）

1. 答：（1）PV=18×［(P/A, 10%, 9) +1］=121.66（万元）　　　　（2分）

（2）PV=25×(P/A, 10%, 10)×(P/F, 10%, 4)=104.92（万元）　　　　（2分）

（3）PV=24×(P/A, 10%, 10)×(P/F, 10%, 3)=110.79（万元）　　　　（1分）

因为第二个方案的现值最小，所以该公司应选择第二个方案支付房款。

2. 答：（1）每年计息一次的债券投资价值=2 000×(P/F, 10%, 5)+2 000×8%×(P/A, 10%, 5)

=2 000×0.6209+2 000×8%×3.7908=1 848.33（元）　　　　（2分）

（2）一次还本付息,复利计息的债券投资价值=2 000×(F/P, 8%, 5)×(P/F, 10%, 5)

=2 000×1.4693×0.6209=1 824.58（元）　　　　（2分）

（3）折价发行无息的债券投资价值=2 000×（P/F，10%，5）

　　　　　　　　　　　　　=2 000×0.6209=1241.8（元）　　　　　　　（1分）

3.答：销售毛利率=4÷20×100%=20%

Δ销售毛利=（25-20）×20%=1（万元）

Δ机会成本=［5×25÷360+20×（25-50）÷360］×15%=-0.16（万元）　（1分）

Δ坏账成本=5×6%+20×（6%-8%）=-0.1（万元）　　　　　　　　　（1分）

Δ折扣成本=25×60%×2%=0.3（万元）　　　　　　　　　　　　　　（1分）

Δ净利润=1+0.16+0.1-0.3=0.96（万元）　　　　　　　　　　　　　（1分）

所以建议信用政策可行。　　　　　　　　　　　　　　　　　　　　（1分）

4.答：（1）发放股票股利的股票数量=100×10%=10（万股）　　　　（1分）

股票的市价为5元/股，面值为3元/股，所以发放股票股利后未分配利润减少50万元，其中30万元计入股本，20万元计入资本公积。　　　　　　（1分）

共发放现金股利=110×0.1=11（万元）

从未分配利润中减除。　　　　　　　　　　　　　　　　　　　　　（1分）

发放股利后的股东权益各项目为：股本330万元；资本公积320万元；未分配利润539万元。　　　　　　　　　　　　　　　　　　　　　　　（1分）

（2）股东权益项目没有变化，唯一的变化是股票面值变为1元，股票数量变为300万股。　　　　　　　　　　　　　　　　　　　　　　　　　　（1分）

5.答：（1）继续使用旧设备。

旧设备年折旧额=150×（1-10%）÷10=13.5（万元）

$NCF_0=0$　　　　　　　　　　　　　　　　　　　　　　　　　　（1分）

NCF_{1-4}=1 500×（1-25%）-1 100×（1-25%）+13.5×25%=303.375（万元）　（1分）

NCF_5=303.375+150×10%=318.375（万元）　　　　　　　　　　　（1分）

继续使用旧设备的净现值=303.375×$PVIFA_{10\%,5}$+15×$PVIF_{10\%,5}$-0=1 159.35（万元）　（1分）

（2）使用新设备。

新设备年折旧额=200×（1-10%）÷5=36（万元）

旧设备账面价值=150-13.5×5=82.5（万元）<变现值100万元　　（1分）

变价盈利纳税=（100-82.5）×25%=4.375（万元）　　　　　　　　（1分）

NCF_0=-200+100-4.375=-104.375（万元）　　　　　　　　　　　（1分）

NCF_{1-4}=1 650×（1-25%）-1 150×（1-25%）+36×25%=384（万元）　（1分）

NCF_5=384+200×10%=404（万元）

采用新设备的净现值=384×$PVIFA_{10\%,5}$+20×$PVIF_{10\%,5}$-104.375=1 363.71（万元）　（1分）

（3）通过计算可知购买新设备的净现值较大，所以该设备应该更新。　（1分）

6.答：（1）必要收益率=4%+1.25×（10%-4%）=11.5%　　　　　（2分）

（2）内在价值=0.5÷（11.5%-6.5%）=10（元/股）　　　　　　　（2分）

（3）由于10元/股高于市价8.75元/股，所以投资者应该购入该股票。

（4）A=4.5%÷（1-25%）=6%　　　　　　　　　　　　　　　　（1分）

B=7%×（1-25%）=5.25% （1分）

C=4.5%×（2 000÷10 000）+11.5%×（8 000÷10 000）=10.1% （1分）

D=5.25%×（4 000÷10 000）+13%×（6 000÷10 000）=9.9% （1分）

（5）新资本结构更好，因为新资本结构下加权资本成本更低。 （1分）

（6）利息费用=4 000×7%=280（万元）

财务杠杆系数=息税前利润÷（息税前利润-利息费用）

=1 400÷（1 400-280）

=1.25 （3分）

总杠杆系数=2×1.25=2.5 （2分）

财务管理模拟试卷二

（4学分）

考试时间为120分钟

题号	一	二	三	四	总分	
得分						
阅卷人					合分人	

附10%现值系数表：

	1	2	3	4	5	6	7	8	9	10
PVIF	0.9091	0.8264	0.7513	0.6830	0.6209	0.5645	0.5132	0.4665	0.4241	0.3855
PVIFA	0.9091	1.7355	2.4869	3.1699	3.7908	4.3553	4.8684	5.3349	5.7590	6.1446

得 分

一、单项选择题（本大题共35小题，每小题1分，共35分。在每小题列出的四个备选项中只有一个是符合题目要求的，请将其代码按要求填写。错选、多选或未选均无分）

1	2	3	4	5	6	7	8	9	10	11	12	13	14	15
16	17	18	19	20	21	22	23	24	25	26	27	28	29	30
31	32	33	34	35										

1.下列属于企业对非合同利益相关者的社会责任是（　　　　）。

A.支持公益活动　　　　　　　　B.改善员工工作条件

C.友善对待供应商　　　　　　　D.尊重员工习俗

2.某企业现在将1 000元存入银行，年利率为10%，按复利计算。4年后企业可从银行取出的本利和为（　　　　）元。

A.1 200   B.1 300   C.1 464   D.1 350

3.下列项目中的（　　）称为普通年金。

A.先付年金 B.后付年金 C.延期年金 D.永续年金

4.多个方案相比较，标准离差率越小的方案，其风险（　　）。

A.越大   B.越小   C.二者无关   D.无法判断

5.已知某证券的β系数等于2，则该证券（　　）。

A.无风险

B.有非常低的风险

C.与金融市场所有证券的平均风险一致

D.是金融市场所有证券平均风险的2倍

6.某债券面值为1 000元，票面年利率为12%，期限3年，每半年支付一次利息。若市场利率为12%，则其发行时的价值（　　）。

A.大于1 000元   B.小于1 000元

C.等于1 000元   D.无法计算

7.某公司上年销售收入为2 000万元，若预计下一年的通货膨胀率为5%，销售量增长率为10%，所确定的外部筹资额占销售收入的百分比为20%，则相应外部应追加的资金为（　　）万元。

A.62   B.60   C.25   D.75

8.在几种筹资方式中，兼具筹资速度快、筹资费用和资本成本低、对企业有较大灵活性等特点的筹资方式是（　　）。

A.发行股票 B.融资租赁 C.发行债券 D.长期借款

9.相对于借款购置设备而言，融资租赁设备的主要缺点是（　　）。

A.筹资速度较慢   B.融资成本高

C.到期还本负担过重   D.设备淘汰风险大

10.根据《公司法》的规定，发行公司流通在外的债券累计总额不超过公司净资产的（　　）。

A.60%   B.40%   C.50%   D.30%

11.债券面值、（　　）、债券期限是确定债券发行价格的主要因素。

A.市场利率、贴现率   B.票面利息率

C.票面利率、市场利率   D.票面利息额

12.通股筹资具有以下优点（　　）。

A.成本低   B.筹资的风险小

C.不会分散公司的控制权   D.筹资费用低

13.从发行公司的角度看，股票全额包销的特点有（　　）。

A.可获部分溢价收入   B.降低发行费用

C.可获一定佣金   D.不承担发行风险

14.在个别资本成本的计算中，不必考虑筹资费用影响因素的是（　　）。

A.长期借款成本   B.债券成本

C.留存收益成本   D.普通股成本

15.某股票当前的市场价格为20元/股，每股股利为1元，预期股利增长率为4%，则其资本成本为（   ）。

A.4%   B.5%   C.9.2%   D.9%

16.财务杠杆效益是指（   ）。

A.提高债务比例导致的所得税降低

B.利用现金折扣获取的利益

C.利用债务筹资给普通股股东带来的额外收益

D.降低债务比例所节约的利息费用

17.既具有抵税效应，又能带来杠杆利益的筹资方式是（   ）。

A.发行债券   B.发行优先股

C.发行普通股   D.使用内部留存收益

18.通过企业资本结构的调整，可以（   ）。

A.降低经营风险   B.影响财务风险

C.提高经营风险   D.不影响财务风险

19.当折现率与内部报酬率相等时，（   ）。

A.净现值小于零   B.净现值等于零

C.净现值大于零   D.净现值不一定

20.在投资决策评价方法中，对于互斥方案来说，最好的评价方法是（   ）。

A.净现值法   B.获利指数法

C.内部报酬率法   D.平均报酬率法

21.某企业准备新建一条生产线，预计各项支出如下：投资前费用2 000元，设备购置费用8 000元，设备安装费用1 000元，建筑工程费用6 000元，投产时需垫支营运资本3 000元，不可预见费按总支出的5%计算，则该生产线的投资总额为（   ）元。

A.20 000   B.21 000   C.17 000   D.17 850

22.经营现金流量是指投资项目投入使用后，在其寿命周期内由于生产经营所带来的现金流入和流出的数量。这里现金流出是指（   ）。

A.经营现金支出   B.缴纳的税金

C.付现成本   D.经营现金支出和缴纳的税金

23.已知某设备原值60 000元，税法规定的残值率为10%，最终报废残值5 000元，该公司所得税税率为25%，则该设备最终报废由于残值带来的现金流入量为（   ）元。

A.5 250   B.6 000   C.5 000   D.4 600

24.当使用新旧设备的未来收益相同，但准确数字不好估计时，应该选用的固定资产更新决策的方法是（   ）。

A.差量分析法   B.最小公倍寿命法

C.年均净现值法   D.年均成本法

25.在资产总额和筹资组合都保持不变的情况下，如果固定资产增加，则短期资产减少，而企业的风险和盈利（　　　）。

A.不变   B.增加

C.一个增加，另一个减少   D.不确定

26.在采用5C评估法进行信用评估时，最重要的因素是（　　　）。

A.品德   B.能力   C.资本   D.抵押品

27.在对存货采用ABC法进行控制时，应当重点控制的是（　　　）。

A.数量最大的存货   B.占用资金较多的存货

C.品种多的存货   D.价格昂贵的存货

28.某企业全年需用A材料2 400吨，每次订货成本为400元，每吨材料年储备成本12元，则每年最佳订货次数为（　　　）次。

A.12   B.6   C.3   D.4

29.如果某企业的信用条件是"2/10，N/30"，则放弃该现金折扣的资本成本为（　　　）。

A.36%   B.18%   C.35.29%   D.36.73%

30.下列关于循环协议借款的说法，错误的是（　　　）。

A.循环协议借款的持续时间可以超过一年

B.循环协议借款具有法律约束力

C.采用循环协议借款，一般不需要支付协议费

D.企业和银行之间要协定借款的最高限额

31.法定公积金累计达到公司注册资本的（　　　）时，可以不再提取。

A.10%   B.25%   C.30%   D.50%

32.对于股份有限公司来讲，实行股票分割的主要目的在于通过（　　　），从而吸引更多的投资者。

A.增加股票股数，降低每股市价   B.减少股票股数，降低每股市价

C.增加股票股数，提高每股市价   D.减少股票股数，提高每股市价

33.下列不属于股票回购方式的有（　　　）。

A.公开市场购买   B.投票出价购买

C.议价购买   D.要约购买

34.在下列各项中，将会导致企业股本结构变动的股利形式有（　　　）。

A.财产股利   B.负债股利

C.股票股利   D.现金股利

35.企业奉行剩余股利政策的根本理由是（　　　）。

A.稳定股价   B.使加权平均资本最低

C.维持股利分配的灵活性   D.使得股利的支付和盈余紧密配合

<table>
<tr><td>得 分</td></tr>
<tr><td></td></tr>
</table>

二、多项选择题（本大题共10小题，每小题1分，共10分。在每小题列出的四个备选项中至少有两个是符合题目要求的，请将其代码填写在题后的括号内。错选、多选、少选或未选均无分）

1	2	3	4	5	6	7	8	9	10

1.以利润最大化作为财务管理目标的不足之处有（　　　）。

A.没考虑实现利润的时间因素

B.没考虑实现利润与投资的对比关系

C.没考虑实现利润的风险因素

D.不便于理解

2.假设最初有 m 期没有收付款项，后面 n 期有等额的收付款项 A，利息率为 i，则延期年金现值的计算公式为（　　　）。

A.$V_0 = A \times PVIFA_{i,\,n} \times PVIF_{i,\,m}$

B.$V_0 = A \times PVIFA_{i,\,m+n}$

C.$V_0 = A \times PVIFA_{i,\,m+n} - A \times PVIFA_{i,\,m}$

D.$V_0 = A \times PVIFA_{i,\,n}$

3.以下各项，属于利润表预算内容的有（　　　）。

A.营业收入的预算　　　　　　　　B.营业利润的预算

C.利润总额的预算　　　　　　　　D.税后利润的预算

4.长期借款的分类有（　　　）。

A.按提供贷款的机构，分为政策性银行贷款、商业性银行贷款和其他金融机构贷款

B.按有无抵押品作担保，分为抵押贷款和信用贷款

C.按贷款偿还的先后顺序，分为普通贷款和优先贷款

D.按贷款的用途，可分为基本建设贷款、更新改造贷款、科研开发和新产品试制贷款

5.加权平均资本成本的权数，可按（　　　）选择。

A.票面价值　　　　B.账面价值　　　　C.市场价值　　　　D.目标价值

6.投资决策分析使用的贴现指标有（　　　）。

A.净现值　　　　　　　　　　　　B.静态投资回收期

C.获利指数　　　　　　　　　　　D.内部报酬率

7.下列关于相关成本的论述，正确的有（　　　）。

A.相关成本是指与特定决策有关，在分析评论时必须加以考虑的成本

B.差额成本、未来成本、重置成本、机会成本都属于相关成本

C.A 设备可按 3 200 元出售，也可对外出租且 3 年内可获租金 3 500 元，该设备
是 3 年前以 5 000 元购置的，故出售决策的相关成本是 5 000 元

D.如果将非相关成本纳入投资方案的总成本，则一个有利的方案可能变得不
利，从而造成决策失误

8.短期金融资产的种类有（　　　　）。

A.短期国库券　　　　　　　　　　B.大额可转让存单

C.货币市场基金　　　　　　　　　　D.证券化资产

9.关于商业信用筹资的优缺点，下列说法中正确的有（　　　　）。

A.商业信用筹资使用方便

B.商业信用筹资限制少且具有弹性

C.商业信用筹资成本较高

D.商业信用可以占用资金的时间一般较长

10.从公司的角度看，制约股利分配的因素有（　　　　）。

A.控制权的稀释　　　　　　　　　　B.举债能力的强弱

C.盈余的变化　　　　　　　　　　D.潜在的投资机会

得　分

三、判断正误题（本大题共 10 小题，每小题 1 分，共 10 分。请判
断每题的表述是否正确，你认为正确的，请将代码"√"填写在给定
的表格中，你认为错误的，请将代码"×"填写在给定的表格中）

1	2	3	4	5	6	7	8	9	10

1.金融市场是以货币为交易对象的市场。　　　　　　　　　　（　　）

2.证券组合风险的大小，等于组合中各个证券风险的加权平均数。　（　　）

3.企业的全面预算主要由营业预算、资本预算和财务预算构成。　（　　）

4.筹集投入资本是非股份制企业筹措自有资本的一种基本形式。　（　　）

5.通过发行股票筹资，可以不付利息，因此其成本比举债的成本低。（　　）

6.固定资产投资方案的内部报酬率并不一定只有一个。　　　　（　　）

7.如果一项新产品的上市会减少公司原有产品的销量或者价格，那么在计算新
项目现金流量时应将这部分减少的现金流量扣除。　　　　　　　　　（　　）

8.按随机模式要求，当现金存量低于最优返回线时，应及时补足现金，以保证
最佳现金余额。　　　　　　　　　　　　　　　　　　　　　　　（　　）

9.短期融资券筹资数额比较大，而银行一般不会向企业发放巨额的流动资金借
款，因此对于需要巨额资金的企业而言，短期融资券更适用。　　　　（　　）

10.股利支付率是当年发放股利与当年净利润之比，或每股股利除以每股收益。

（　　）

四、计算题（本大题共6小题，其中第1~4题每小题5分，第5题10分，第6题15分，共45分，运算步骤和结果保留到小数点后两位）

得 分

1.某股票投资者拟购买甲公司的股票，该股票刚支付的每股股利为2.4元，现行国库券的利率为12%，股票市场的平均风险报酬率为16%，该股票的β系数为1.5。

要求：（1）假设股票在未来时间里股利保持不变，当时该股票的市价为15元/股，该投资者是否应购买？

（2）假设该股票股利固定增长，增长率为4%，则该股票的价值为多少？

2.某公司拟发行债券，债券面值为1 000元，5年期，票面利率为8%，每年付息一次，到期还本，若预计发行时债券市场利率为10%，债券发行费用为发行额的0.5%，该公司适用的所得税税率为25%。

要求：（1）该债券的发行价格是多少？

（2）该债券的资本成本为多少？

3.某公司年销售产品10万件，单价50元/件，单位变动成本为30元/件，固定成本总额为100万元（包括利息）。公司负债60万元，年利率12%，所得税税率25%。

要求：（1）计算该公司息前税前利润总额。

（2）计算该公司联合杠杆系数。

4.某公司每年需要某种原材料600吨，每次订货的固定成本为8 000元，每吨原材料年储存保管费用为6 000元。每吨原材料的价格为800元，但如果一次订购超过50吨，可得到2%的批量折扣。

要求：计算该公司应以多大批量订货。

5.已知：某公司2018年12月31日的长期负债及所有者权益总额为18 000万元，其中，发行在外的普通股8 000万股（每股面值1元），公司债券2 000万元（按面值发行，票面年利率为8%，每年年末付息，3年后到期），资本公积4 000万元，其余均为留存收益。

2019年1月1日，该公司拟投资一个新的建设项目需追加筹资2 000万元，现有A、B两个投资方案可供选择。

A方案为：发行普通股，预计每股发行价格为5元。

B方案为：按面值发行票面年利率为8%的公司债券（每年年末付息）。

假定该建设项目投产后，2018年度公司可实现息税前利润4 000万元。公司适用的所得税税率为25%。

要求：（1）计算A方案的下列指标：

①增发普通股的股份数；

②2019年公司的全年债券利息。

（2）计算 B 方案下 2019 年公司的全年债券利息。

（3）计算 A、B 两方案的每股盈余无差别点，并为该公司作出筹资决策。

6. 某企业计划进行某项投资活动，有甲、乙两个备选的互斥投资方案资料如下：

（1）甲方案的原始投资额为 150 万元，其中固定资产投资 100 万元，流动资金投资 50 万元，全部资金于建设起点一次投入，无建设期，经营期为 5 年，到期净残值收入为 5 万元，预计投产后年营业收入为 90 万元，年总成本为 60 万元。

（2）乙方案的原始投资额为 200 万元，其中固定资产投资 120 万元，流动资金投资 80 万元。建设期 2 年，经营期 5 年，建设期资本化利息 10 万元，固定资产投资于建设期起点投入，流动资金投资于建设期结束时投入，固定资产净残值收入为 10 万元，项目投产后，年营业收入为 170 万元，年经营成本为 80 万元，经营期每年归还利息 5 万元。固定资产按直线法折旧，全部流动资金于终结点收回。企业所得税税率为 25%。

要求：（1）计算甲、乙方案各年的净现金流量；

（2）该企业所在行业的基准折现率为 10%，计算甲、乙方案的净现值；

（3）计算甲、乙两方案的年等额净回收额，并比较两方案的优劣；

（4）计算甲、乙方案包括建设期的静态投资回收期和不包括建设期的静态投资回收期。

财务管理模拟试卷二参考答案

一、单项选择题（35×1=35分）

1	2	3	4	5	6	7	8	9	10	11	12	13	14	15
A	C	B	B	D	A	A	D	B	B	C	B	D	C	D

16	17	18	19	20	21	22	23	24	25	26	27	28	29	30
C	A	B	B	A	B	D	A	D	B	A	B	B	D	C

31	32	33	34	35
D	A	B	C	B

二、多项选择题（10×1=10分）

1	2	3	4	5	6	7	8	9	10
ABC	AC	ABCD	ABD	BCD	ACD	ABD	ABCD	AB	BCD

三、判断正误题（10×1=10分）

1	2	3	4	5	6	7	8	9	10
×	×	√	√	×	√	√	×	√	√

四、计算题

（本大题共6小题，其中第1~4题每小题5分，第5题10分，第6题15分，共45分，运算步骤和结果保留到小数点后两位）

1. 答：$R=12\%+1.5\times（16\%-12\%）=18\%$ （1分）

（1）$d=2.4$（元）

$V=2.4\div18\%=13.33$（元/股） （1分）

因为计算出来的内在价值小于目前市价（15元/股），所以不应购买。 （1分）

（2）$d_0=2.4$（元）

$d_1=2.4\times（1+4\%）=2.496$（元）

$V=2.496\div（18\%-4\%）=17.83$（元/股） （2分）

2. 答：（1）债券的发行价格$=1\,000\times8\%\times（P/A，10\%，5）+1\,000\times（P/F，10\%，5）$

$=924.16$（元） （3分）

（2）债券的资本成本$=80\times（1-25\%）\div924.16\times（1-0.5\%）=6.46\%$ （2分）

3. 答：（1）计算该公司息前税前利润总额

EBIT=10×（50-30）-（100-7.2）=107.2（万元） （2分）

（2）计算该公司联合杠杆系数

DOL=（107.2+100-7.2）÷（107.2-7.2）=2 （3分）

4. 答：经济批量 $Q=\sqrt{\dfrac{2\times600\times8\,000}{6\,000}}=40$（吨） （2分）

（1）如果按经济批量订货，放弃折扣，总成本为：

（600÷40）×8 000+（40÷2）×6 000+600×800=720 000（元） （1分）

（2）如果不按经济批量订货，取得数量折扣，总成本为：

（600÷50）×8 000+（50÷2）×6 000+600×800×（1-2%）=716 400（元） （1分）

因此，公司应以50吨的批量订货。 （1分）

5. 答：（1）计算A方案的下列指标：

增发普通股的股份数=2 000÷5=400（万股） （1分）

2019年公司的全年债券利息=2 000×8%=160（万元） （1分）

（2）B方案下2019年公司的全年债券利息=2 000×8%+2 000×8%=320（万元） （1分）

（3）计算A、B两方案的每股盈余无差别点，并为该公司作出筹资决策。

（EBIT-160）×（1-25%）÷8 400=（EBIT-320）×（1-25%）÷8 000 （3分）

EBIT=3 520（万元） （2分）

当预期2019年EBIT大于3 520万元时，选择B方案；当预期2019年EBIT小于3 520万元时，选择A方案；当预期2019年EBIT等于3 520万元时，选择A、B方案均可。 （2分）

6. 答：（1）甲、乙方案各年的净现金流量。

①甲方案各年的净现金流量：

折旧额=（100-5）÷5=19（万元）

NCF_0=-150万元 （0.5分）

$NCF_{1\sim4}$=（90-60）×（1-25%）+19=41.5（万元） （1分）

NCF_5=41.5+55=96.5（万元） （1分）

②乙方案各年的净现金流量：

年折旧额=（120+10-10）÷5=24（万元）

NCF_0=-120万元 （0.5分）

NCF_1=0 （0.5分）

NCF_2=-80万元 （0.5分）

$NCF_{3\sim6}$=（170-80-5-24）×（1-25%）+5+24=74.75（万元） （1分）

NCF_7=74.75+80+10=164.75（万元） （1分）

（2）计算甲、乙两方案的净现值。

①甲方案的净现值=41.5×（P/A，10%，4）+96.5×（P/F，10%，5）-150

=41.47（万元） （2分）

②乙方案的净现值=74.75×（P/A，10%，4）×（P/F，10%，2）+164.75×

（P/F，10%，7）-80×（P/F，10%，2）-120

=94.25（万元）   （2分）

（3）计算甲、乙两方案的年等额净回收额，并比较两方案的优劣。

①甲方案的年等额净回收额=41.47÷（P/A，10%，5）=10.94（万元）   （1分）

②乙方案的年等额净回收额=94.25÷（P/A，10%，7）=19.36（万元）   （1分）

因为乙方案的年等额净回收额大，所以乙方案优于甲方案。

（4）计算甲、乙方案包括建设期的静态投资回收期和不包括建设期的静态投资回收期。

①甲方案包括建设期的静态投资回收期=150÷41.5=3.61（年）   （1分）

②乙方案不包括建设期的静态投资回收期=200÷74.75=2.68（年）

乙方案包括建设期的静态投资回收期=2+2.68=4.68（年）   （2分）